あるもんで

REIZOKO NI ALMONDE

and recipe

はじめに

毎日毎日、懲りもせず、お腹はグーッと音を鳴らすものだから、
毎日毎日、冷蔵庫を開けては
「ソーセージが、後３本とピーマンが１つ」とか
「キャベツが半分と豚肉が１パック、
それにお豆腐が一丁」なんてことを
呟きながら、なにを作ろうと考えるわけです。

料理をすることよりも、なにを作ろうか？
が悩みの種だったりもします。

この本で、そんな日々のお悩みを、少しでもおいしく、
楽しくするお手伝いができればいいなと思っています。

みなさまの食卓が、いつもおいしくて、楽しくありますように。

and recipe

目次

はじめに……2

ソース、たれ、ドレッシング他……

〈おいしい素〉

お寿司屋さんの煮切りしょうゆ……6
水出しめんつゆ―使い切りタイプ―……6
オリーブオイルアンチョビ味噌……7
バジルレモンの南蛮漬けだれ……7
レモンマスタードソース……8
電子レンジで簡単「タルタルソース」……8
基本のマスタードドレッシング……9
ローストセサミドレッシング……9
これぞ万能「チヂミのたれ」……10
昆布入りナムルだれ……10
辛い万能「中華合わせ味噌」……11
スタミナ醤油の焼肉のたれ……11

和のひと皿

かんぱちのお刺身ごま薬味……13
マグロの〝レモン醤油漬け〟ごはん……14
関西風の出汁たっぷりたまご……16
「鶏の唐揚げ」またの名を「幸福揚げ」。……18
噛めば噛むほど衣がおいしい
「いなりコロッケ」……20
ご飯釜が空になる「さば缶ふりかけ」……22
カレーの恩返し「さば缶ふりかけ」……23
ご飯釜が空になる
「ツナ缶明太子のふりかけ」……24
冷奴に新たなバリエーション
「ツナとカシューナッツの冷奴」……25
100年先も残る昔ながらの肉じゃが……26
スタミナ醤油だれで作る焼肉定食……27
葉と皮だとあなどるなかれ、
「ご飯の友、かぶの葉と皮のごま油炒め」……28
かぶとスナップエンドウの
〝和だし〟サラダ……29
関西人のたこ焼き……30
春キャベツのお好み焼き……31
いいこと思いつきました。
だしパックで「梅だしにぎり」……32
梅としらすとクレソンのお粥……33
「ポリポリ大根」がなければ困る、
とくに「納豆ごはん」には。……34
えびそぼろの大人ののり弁……35
初鰹の「月影しょうゆ」丼……36
好物としか言えない。
「おろし醤油のカツ丼」……37
わけぎに浮かぶ肉うどん……38
鶏ごま油そば……39
夏まで待てない
「トマトバジルの柚子こしょうそうめん」……40
しらすと長ねぎ、
山盛りしその和風パスタ……41
あさりと豚肉のシンプル鍋……42
梅と手羽とレタスのスープ……43

洋のひと皿

「イングリッシュ・肉・じゃが―」Nick.Jagger
―スペアリブとじゃがいもの煮込み―……45
「トンテキ」ガーリック玉ねぎソース……46
これができれば褒められる
「マッシュルームハンバーグ」……48
イギリス生まれの
「マッシュポテトミートパイ」……50
夢の合体「ミートポリタン」……52
トマトの酸味が、カルボナーラと出会った
「プチ・トマトナーラ」……54
基本のクラムチャウダーに
〝オイスターソース〟を少し……55
知ってて損なし。
「ジンジャーアジフライ」……56
焼きホタテとモッツァレラチーズの
オリーブオイル醤油和え……57
玉ねぎとアスパラのシンプルポトフ……58
「TON de ROLL」ズッキーニフライ
―豚でロール―……59
春菊とマッシュルームのマスタードサラダ……60
BLP　ベーコンレタスパスタ……61
ボンゴレ・リモーネ、私のお気に入り。……62
舞茸が口の中で踊りだす
「焼き舞茸とベーコンのパスタ」……63
喫茶店の「カレー焼き飯」目玉焼きのせ……64
冷凍食材でも大丈夫。
「シーフードピラフ」……65
2020年、私のトースト選手権ナンバーワン
「たけのこ&しらすチーズトースト」……66
本当は内緒のはずだった
「バター卵サンド」……67
アメリカに行きたいので、
「ベーコンレタスバーガー」……68

アジアごはん

今日から市販品を卒業する
「マイベスト麻婆豆腐」……70
厚揚げで油淋鶏？
「パクチー油淋厚」と申します。……72
うま味と清涼感がたまらない
「ホタテのパセリ炒飯」……74
ライくん家のチキンのカレー……76
きんぴらだけじゃ、本当にもったいない。
「ごぼうと人参のチヂミ」……78
一度食べたら〝やみつき〟
「韓国そぼろの海苔巻き―キンパ―」……80
今年こそ、皮から餃子……82
鶏ひき肉とパクチーのベトナムパスタ……84
カンジャン海鮮ジャン……85
海老のはちみつしょうがライム炒め……86
門外不出のはずだった
「鶏肉のカシューナッツ炒め」……87

もしも、ルーロー飯としょうが焼きが
合体したら?「ルーローしょうが焼き飯」……88
台湾風そぼろそうめん　海老のせ……89
食べ終わる頃には笑顔
「紅しょうがと豚肉の冷やし中華」……90
蒸し鶏で作るフィリピン焼きそば
（パンシットカントン）……91
鶏肉とブロッコリーの
カシューナッツキーマカレー……92
ふわふわ鶏団子のグリーンカレー……93
梅干しポークのバインミー……94
インドネシアの3時のおやつ。
「タフブラット」……95

おつまみ

海辺の料理
「タコとじゃがいものスパイス炒め」……97
鶏むね肉とバジルのレモン南蛮漬け……98
アジとオクラのなめろう……100
アンチョビ味噌の冷やしきゅうり……101
結びちくわの明太子和え……102
晩酌といえば
「スモークチーズマカロニサラダ」……103
合わせ野菜とたくあんのナムル……104
韓国料理な気分の時は、
「タコと菜の花のキムチ和え」……105
中華合わせ味噌で作る
「豚バラ肉ともやしの辛み和え」……106
昼下がりのおつまみ
「サラミと長ねぎのオーブン焼き」……107
ヤングコーンと天かすの焼き浸し……108
ハイボールと一緒に
「タコと長芋の唐揚げ」……109
レンコンのガーリック磯辺焼き……110
しめじフライ　漬物タルタルソース……111
豚肉と焼き大根のカレー味……112
白菜と生ハムの重ね焼き……113

おやつの時間

フルーツサンド「いちご大福」……115
Mar de Cheesecake
―まるでチーズケーキ―……116
Mar de Shortcake
―まるでショートケーキ―……117
混ぜて焼くだけのおやつ。
「オートミール〝チョコチャンク〟クッキー」……118
話したくなるヨーグルトパンケーキ……119
コーヒー白玉とミルク白玉の
「カフェオレ　白玉だんご」……120
カルピス風味の杏仁豆腐……121
ミルクティー……122
スパークリングフルーツレモネード……123
材料さくいん……124

ソース、たれ、ドレッシング他……〈おいしい素〉

おいしいソースやたれやドレッシングなどを手作りするだけで、料理上手に⁉
いろんな料理に使えるおススメの「おいしい素」を紹介。

お寿司屋さんの煮切りしょうゆ

キリッと角のたったお醤油もおいしいですが、お寿司屋さんで使う少し甘めのお醤油もまた格別のおいしさです。

材料　作りやすい分量

・醤油……………大さじ4
・みりん…………大さじ2

作り方

①耐熱容器にみりんを入れて、600wの電子レンジで、30秒を2回かけて、煮切りみりんを作る。
②粗熱が取れたら、醤油と混ぜる。

【キッチンメモ】

◇甘みも抑えたいときは、みりん（大さじ1）と酒（大さじ1）で作ってみてください。その場合は、両方アルコールを飛ばしてください。

※これを使ったレシピはP13、36に掲載

水出しめんつゆ —使い切りタイプ—

冷蔵庫で一晩おけば、立派なめんつゆ。

材料

・だしパック……………1袋
・水……………400㎖
・醤油……………大さじ5
・みりん…………大さじ4

作り方

①耐熱ボウルにみりんを入れて、ラップをかけ、600wの電子レンジで30秒を2回かける。
②❶に残りの材料を加えて、冷蔵庫に一晩おく。

※これを使ったレシピはP108に掲載

オリーブオイル
アンチョビ味噌

冷やしきゅうりや、キャベツ、野菜スティックが無限に食べられる「おいしい万能味噌」。

材料
・アンチョビ………2本
・味噌…………大さじ2
・黒こしょう………少々
・オリーブオイル…大さじ2

作り方
①アンチョビをみじん切りにする。
②材料を全てボウルに入れて、よく混ぜる。

※これを使ったレシピはP101に掲載

バジルレモンの
南蛮漬けだれ

南蛮漬けのたれのレシピです。バジルとレモンを加えるといつもと違う感じになって、食べるのが楽しくなります。普通の南蛮漬けでもおいしいですが、唐揚げやとんかつ、焼き魚のソースとして使うのもおすすめです。

材料　作りやすい分量
・レモン汁（酢でもOK）…大さじ2
・バジル…………………6枚
〈A〉
・昆布だし……………200㎖
（前日に昆布2gを水200㎖につけて、冷蔵庫で一晩おく）
・砂糖…………………大さじ2
・塩……………………小さじ1／2
・醤油…………………大さじ2
・酢……………………大さじ2
・鷹の爪の輪切り……1本分

作り方
①鍋に〈A〉の材料を入れて、一煮立ちさせ、粗熱が取れたらレモン汁とちぎったバジルを加える。

※これを使ったレシピはP98に掲載

レモンマスタードソース

カリカリに焼いたベーコンのサラダや、ジューシーに揚がったお肉や魚にぴったりのソースです。サラダにかければおいしいドレッシングにもなります。トマト系のピザにかけて食べてもとてもおいしいです。

材料　作りやすい分量

・レモン汁……………大さじ1
・プレーンヨーグルト…大さじ3
・マヨネーズ…………大さじ1
・塩……………………小さじ1／8
・黒こしょう…………少々
・粒マスタード………小さじ1

作り方

①材料を全てボウルに入れて、よく混ぜる。

※これを使ったレシピはP59に掲載

電子レンジで簡単「タルタルソース」

アジフライ、カキフライ、チキン南蛮。タルタルソースが食べたいときに、材料の〝ゆでたまご〟が無い……でも大丈夫。電子レンジなら2分で卵は完成しちゃう。

※これを使ったレシピはP56、111に掲載

材料　作りやすい分量

・卵…………2個
・玉ねぎ………1／4個
・ピクルス……60g
・牛乳…………大さじ1と1／2
（生クリームを代わりに入れるとよりおいしい）
〈A〉
・塩…………ひとつまみ
・黒こしょう……少々
・マヨネーズ……大さじ3

作り方

①玉ねぎは、みじん切りにして、水に15分さらし、水気をよく絞る。ピクルスは、みじん切りにする。
②耐熱ボウルに卵を割り入れ、黄身に箸で2箇所穴を開ける。
③ラップをして、600wの電子レンジで、50秒加熱する。

注1：レンジによって時間が変わるので、初めて作るときは、30秒で様子をみて、その後20秒で試してみてください
注2：冷蔵庫から出したての卵を使う場合は、1分を2回程度で火が通ります

④❸をスプーンで切るようにほぐす。
⑤❹に〈A〉を入れて、よく混ぜる。
⑥❺に玉ねぎ、ピクルス、牛乳を加えて混ぜる。

基本の マスタードドレッシング

ドレッシングのレシピは数あれど、基本を覚えておけば、「酢」を米酢、レモン汁、ゆず、赤ワインビネガーに替えるだけで、味のバリエーションは、無数です。

材料　作りやすい分量

・イエローマスタード（アメリカンな黄色いやつ）……大さじ1と1／2
・塩……小さじ1／4
・黒こしょう……少々
・白こしょう……少々
・白ワインビネガー…大さじ1と1／2
・べに花油（米油でもOK）……大さじ6

作り方

①ボウルに、べに花油以外の材料を入れて、よく混ぜる。
②❶に、べに花油を少しずつ糸のように加えて、その都度よく混ぜる。

【キッチンメモ】

◇保存容器に入れて、冷蔵庫で7〜10日ほど日持ちします。

※これを使ったレシピはP60に掲載

ローストセサミ ドレッシング

しっかりとごまを煎ることで、びっくりするほど香ばしいドレッシングが出来上がります。これさえあれば、無限に野菜が食べられる。

材料　作りやすい分量

・白ごま……大さじ4
・かつお節……ひとつまみ
・白ごま油（米油でもOK）……大さじ4
〈A〉
・醤油……大さじ2
・砂糖……大さじ1
・酢……大さじ1と1／2
・黒こしょう……少々

作り方

①フライパンに白ごまを入れて、中火で焦げないように揺すりながら乾煎りする。色が変わるぐらいしっかりローストする。
②すり鉢に❶とかつお節を入れて、すり潰す。
③❷に〈A〉を入れて混ぜ、白ごま油を少しずつ加えその都度よく混ぜる。

これぞ万能「チヂミのたれ」

ただの「チヂミのたれ」だと、侮るなかれ。焼いたお肉につけて食べても、ホタテやエビにつけても、そして、一番の驚きは、これをつけて〝玉ねぎ〟をそのまま食べても、非常においしいこと。非常に残念なのは、これは食べないとわからないこと。

材料　作りやすい分量

・玉ねぎ……………1／2個
・醤油……………大さじ4と1／2
・砂糖……………大さじ3
・水……………大さじ2
・酢……………大さじ3

作り方

①玉ねぎは、皮と芯をとって1㎝角に切る。
②鍋に醤油、砂糖、水を入れて一煮立ちさせる。
③保存容器に玉ねぎを入れて、熱い❷を注ぎ、粗熱が取れたら、酢を加えて軽く混ぜる。

【キッチンメモ】

◇保存は、冷蔵庫で1週間。
◇その日から、おいしく食べられますが、翌日からが最高です。

※これを使ったレシピはP78に掲載

昆布入りナムルだれ

このたれ、振ると昆布のネバリが、オイルと醤油を乳化させて、野菜によく絡みます。冷奴や、チャーハンの仕上げにもおすすめです。

材料　作りやすい分量

・ごま油……………大さじ4
・昆布……………3g
・塩……………小さじ1／2
・醤油……………大さじ1

作り方

①昆布を2㎜幅にハサミで切る。
②材料を全て保存容器に入れてよく混ぜ、常温で30分おく。

【キッチンメモ】

◇保存は、冷蔵庫で5日間。
◇使う前は、よく振ってね。

辛い万能「中華合わせ味噌」

麻婆豆腐のために作った味噌ですが、野菜炒めや、鍋やスープの味付けにも万能です。これで作るチャーハンは、絶品です。

材料　作りやすい分量

・甜麺醬……………大さじ4
・豆板醬……………大さじ4
・オイスターソース……大さじ1
・粉とうがらし………小さじ2

作り方

①ボウルに材料を全て入れてよく混ぜ、保存容器に入れる。

※これを使ったレシピはP70、106に掲載

スタミナ醬油の焼肉のたれ

ねぎとニラをたっぷり入れた焼肉のたれは、市販のものとは、一味違うおいしさです。炒め物に使ってもいいし、茹でた豚肉にかけてもおいしい。

材料　作りやすい分量

〈A〉
・醬油……………大さじ5
・酒………………大さじ2
・砂糖……………大さじ2
・りんご…………1／4個
〈B〉
・白ごま…………大さじ1
・長ねぎ…………1／2本
・ニラ……………3本
・ごま油…………大さじ1

作り方

①長ねぎはみじん切りに、ニラは小口切りにする。りんごは皮をむき、種と芯をとって、すりおろす。
②小さな鍋に〈A〉を入れて、一煮立ちさせる。
③❷の粗熱が取れたら、〈B〉を加えて混ぜる。

※これを使ったレシピはP27に掲載

和のひと皿

かんぱちのお刺身ごま薬味

材料　ふたり分（調理時間：15分）

・かんぱち…………100g
・青ねぎ……………１本
・みょうが…………２個
・すりごま…………大さじ1/2
・おろししょうが…５g

〈お寿司屋さんの煮切りしょうゆ〉
※材料と作り方はP6

お家で食べるお刺身は、薬味をたっぷりにして食べたい。これは青ねぎと、みょうがのレシピですが、クレソンや青じそなんかもとってもおいしいです。ただし、ごまは必須です。

作り方

①〈お寿司屋さんの煮切りしょうゆ〉を作っておく。
②かんぱちはそぎ切りにする。青ねぎは小口切りにする。みょうがは千切りにする。
③器にかんぱちを盛り付け、すりごま、みょうが、青ねぎをのせて、おろししょうがと❶を添える。

マグロの〝レモン醤油漬け〟ごはん

お寿司を食べに行きたい。でも行けない。だから私は「レモン風味の醤油だれ」にマグロを漬けて、ガリを混ぜたご飯と一緒に、今日も海苔を巻くのです。

材料　3～4人分（調理時間：45分）
炊飯時間は含みません

・マグロの刺身（切り落としでも大丈夫）…200g
・金ごま……………………適量
・焼き海苔…………………適量

〈レモン醤油だれ〉
・醤油………………………大さじ3
・みりん……………………大さじ1と1/2
・レモン汁…………………1/4個分

〈ガリご飯〉
・ご飯………………………茶碗3膳分
・ガリ………………………60g

作り方

①みりんを耐熱容器に入れて、600wの電子レンジで30秒を2回かけ、アルコールを飛ばし、粗熱を取る。
②❶に醤油とレモン汁を入れて混ぜ、レモン醤油だれを作る。
③バットにマグロを並べ、❷をかけて、冷蔵庫で30分おく。
④ガリをみじん切りにして、ご飯に混ぜる。
⑤器にご飯を盛り付け、マグロのづけをのせ、金ごまを振り、お好みで焼き海苔を巻いて食べる。

【キッチンメモ】

◇酢飯を作るのが面倒なときは、ガリを刻んで混ぜるだけでおいしいご飯になります。
◇手巻き寿司としていただくのもおススメ。

つぶやき

「寿司という仕事」

カウンターに座って、肘をつき「大将、今日もいい仕事してるねぇ」なんて粋《いき》な言葉をかけるおじさんを目にすることがある。

お寿司屋さんは、シャリに使う品種の異なる米を配合し、焼き海苔を炙《あぶ》り直し、白身魚を数日かけて熟成させ、わさびをおろして、寿司用の醤油まで仕込む。これが職人を職人たらしめる『仕事』だ。

そうなのだ、私たちが家で作る〝お寿司〟には、仕事が足りない。

「醤油とみりん、そこにレモンを搾り入れてたれを作る。キレイに並べたマグロに漬けだれをかけて、冷蔵庫で30分待つ」

家でもできるおいしい仕事。ぜひお試しください。

関西風の出汁たっぷりたまご

黄色い卵にたくさんの〝おだし〟を含ませて、〝くるり、くるり〟と巻いていく。出来上がった「だし巻き卵」に箸を入れると、解き放たれた〝だし〟が溢れ出す。一滴も逃すまいと、急いで口の中に入れると上顎《うわあご》を少しだけ火傷した。これを私は「名誉の負傷」と呼ぶ。

材料　作りやすい分量（調理時間：20分）

・卵……………………………3個
・サラダ油……………………適量

〈A〉
・和風だし……………………大さじ4
・うすくち醬油………………小さじ1
・塩……………………………小さじ1/8
・みりん………………………大さじ1

作り方

①ボウルに、卵を割り入れ、〈A〉を入れてよく混ぜる。
②卵焼き器でサラダ油を温め、❶の1／3量を入れて、菜箸で混ぜながら、半熟状にする。
③❷を奥から手前に巻き、形を整える。
④❸を奥に戻して、キッチンペーパーで油を足し、卵液の残りの半分を入れて、巻く。
⑤❹を繰り返す。

【キッチンメモ】

◇巻き込むときは、火を当てるのは、卵焼き器の先端だけにすると、卵液が固まりすぎず、きれいに巻けます。
◇あれば、巻きすの裏で巻くと波模様がついて、形がきれいになります。

つぶやき

京都は先斗町《ぽんとちょう》にある「余志屋《よしや》」さんで食べる「だし巻き卵」は格別である。

カウンター越しに「だし巻きをください」と注文すると、土物の片口の器に卵をといて、だしをたっぷりと入れた卵液を作る。それを小皿に少し注ぎ、卵液の味見をして、大将は少し塩を足した。

年代物の〝銅の卵焼き器〟に油を引いて、勢いよく卵液を流し入れる。菜箸を使って「ヒョイ」と簡単そうに巻き込んで、あっという間にふっくらとした「だし巻き卵」が出来上がった。

箸を通すのがもったいないほどの〝美しい佇まい〟と思いつつ、口に運ぶ。賑やかではない店内なのに「おいしい！」と思わず声をあげてしまった。

「鶏の唐揚げ」またの名を「幸福揚げ」。

この20年、いろんなレシピで作ってきました。
結局たどり着いたのは、
「にんにくを使わず、漬け時間の短い」唐揚げです。
食べたくなる日があるものほど、シンプルなレシピがいいものです。

材料　3～4人分(調理時間：60分)

鶏もも肉……………………2枚(600g)
・揚げ油……………………適量
・レモン……………………適量

〈A〉
・うすくち醤油……………小さじ2
・塩…………………………小さじ1/2
・白こしょう………………たっぷり
・酒…………………………大さじ1
・おろししょうが…………10g
・ごま油……………………大さじ2

〈衣〉
・小麦粉……………………大さじ1と1/2
・片栗粉……………………大さじ3
・卵…………………………1個

作り方

①鶏もも肉の余分な脂と筋をとり、6等分に切る。
②ボウルに〈A〉を入れてよく混ぜ、鶏もも肉を加えて軽く混ぜ、冷蔵庫で30分おく。
③❷に〈衣〉の材料を入れて、混ぜる。
④160℃に温めた油に❸を入れて、30秒ほど強火にし、弱火にして2分半揚げる。
⑤❹を一度取り出して、油を180℃にし、鶏もも肉を戻して1分半揚げる。
⑥器に盛りつけ、レモンを添える。

【キッチンメモ】
◇鶏もも肉を油に入れるときは皮をピンと張って丸く形を整えてから入れましょう。
これだけで皮のところがパリッとし

ておいしくなります。
◇油に鶏もも肉を入れると一気に温度が下がるので、一度強火にします。
◇揚げている最中は、何度か上下を返しましょう。
◇フライパンで揚げるときは、「一度目は6個ずつ」、「二度揚げ時は全部」入れてよしです。

つぶやき

唐揚げの思い出は、たくさんある。少年だった頃の運動会のお弁当、はじめて自分で揚げて食べたアツアツの唐揚げ、お酒が飲めるようになって行った居酒屋のメニュー、仲間に振舞う晩ご飯。

幾度となく「鶏の唐揚げ」にふれ、いつも裏切ることなくおいしい。

この〝おいしいかたまり〟に、またの名を「幸福揚げ」と名付けている。

噛めば噛むほど衣がおいしい「いなりコロッケ」

コロッケって小麦粉→卵→パン粉のところが一番めんどくさい。
あれ、やめませんか?
油揚げがあれば、この3つの食材は、いりません。

材料　3〜4人分(調理時間:30分)

・油揚げ……………………3枚
・じゃがいも………………4個(400g)
・合挽肉……………………80g
・玉ねぎ……………………1/4個
・サラダ油…………………大さじ3

〈A〉
・醤油………………………大さじ1と1/2
・きび砂糖(上白糖でも可)
……………………………大さじ1
・ナツメグ…………………少々
・白こしょう………………少々
・ウスターソース…………お好み
・マヨネーズ………………お好み

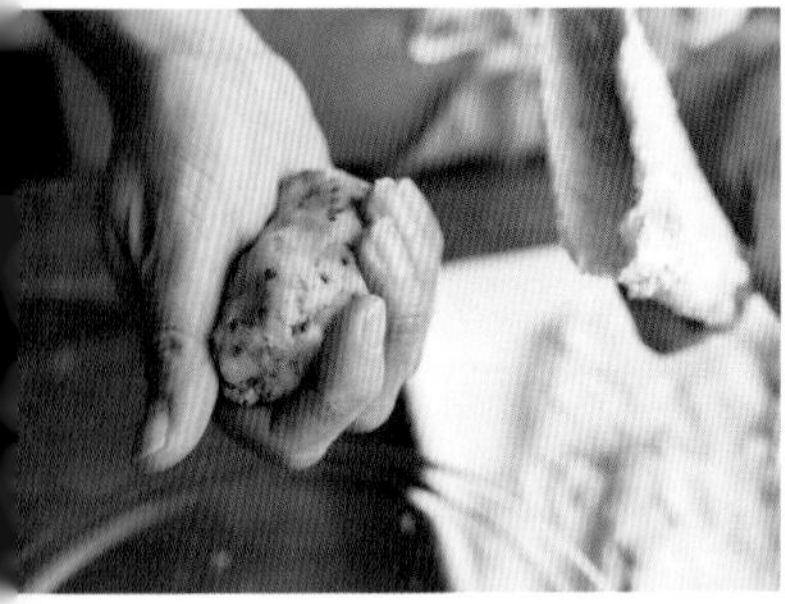

作り方

①油揚げにお湯をかけて油抜きし、2つに切って裏返す。玉ねぎをみじん切りにする。
②フライパンにサラダ油(大さじ1)を引き、合挽肉を焼き色がつくように炒める。
③❷に玉ねぎを加えて、しんなりするまで炒め、〈A〉を加える。
④皮をむき、芽をとったじゃがいもをひとくち大に切る。
⑤耐熱容器に❹を入れ、ラップをかけて600wの電子レンジで10分加熱する。
⑥❺を木べらで潰し、❸を加えて混ぜる。
⑦❻を油揚げに詰めて四辺をコロッケ種に押し込み、俵形にする。
⑧サラダ油(大さじ2)を引いたフライパンで、油揚げの表面がカリッとするまで焼く。

【キッチンメモ】

◇コロッケの種は、軽く手でまとめてから、油揚げに詰めると簡単。

つぶやき

合挽肉にしっかり焼き目をつけることで肉のうま味が凝縮され、じゃがいもとあわせたときにぐっとおいしくなります。千切りキャベツもたっぷり用意して一緒にお召し上がりください。

ご飯釜が空になる「さば缶ふりかけ」

お腹はグーッと音を鳴らした。
けれど、料理を作る気にはなれない。
ご飯に「さば缶ふりかけ」をかけて食いつなぐ。
これだけで満足かも。

材料　作りやすい分量
（調理時間：10分）

・さば缶……………1缶（190g）
・白ごま……………大さじ2
・しょうが…………30g
・ごま油……………大さじ2

〈A〉
・醤油………………大さじ3
・砂糖………………大さじ2
・酒…………………大さじ3

作り方

①しょうがは皮をむき、千切りにして、お湯につける。さば缶をザルにあけてよく汁気を切る。＊よく汁気を切らないと炒めるときに油が跳ねるので注意。

②フライパンにさばを入れて、中火で水分がなくなるまで煎りつける。

③❷にごま油を加えて、木べらで上から押しつけながら、焼き色をつけるように炒める。

④❸に、汁気を切ったしょうが、〈A〉、白ごまを入れて、汁気がなくなるまで煮詰める。

【キッチンメモ】

◇②の煎り上がりの目安は、しっかり汁気が飛び、パラパラになるまで。
◇③の炒め上がりの目安は、さばから泡のようなものが出てきて、水分がしっかり飛んだ状態。

カレーの恩返し「さば缶ふりかけ」

ずっと考えていた。ほぼ日さんの商品「カレーの恩返し」味のご飯にかけるだけでおいしいふりかけを作りたい。やっとできました。ご飯もいいけど、塩ラーメンとかに一振りもありだな。

材料　作りやすい分量
（調理時間：15分）

・さば缶………………1缶（190g）
・カシューナッツ……30g
・白ごま………………大さじ1
・にんにく……………1かけ
・しょうが……………10g
・オリーブオイル……大さじ2

〈A〉
・カレーの恩返し……大さじ2
・塩……………………小さじ1/2
・オイスターソース…小さじ2
・酒……………………大さじ2

作り方

①カシューナッツは粗く刻む。にんにく、しょうがは皮をむいてみじん切りにする。
②フライパンに、汁気を切ったさば缶を入れて崩しながら煎り、水分を飛ばす。
③❷にオリーブオイルを入れて、焼き色がつくように木べらで押しつけながら、炒める。
④❸に❶と白ごまを入れて、にんにくが焦げないように中火で2分ほど炒める。
⑤❹に〈A〉を入れて、粉っぽさがなくなるまで、弱火で炒める。

ご飯釜が空になる「ツナ缶明太子のふりかけ」

ツナ缶と明太子、使う道具は「ボウルとスプーン、電子レンジ」だけなのに、こんなにおいしいなら、早く作るんだった。ご飯が無限に食べられてしまう。

材料　作りやすい分量
（調理時間：10分）

・ツナ缶……………… 1缶（70g）
・明太子……………… 2本（50g）
・白ごま………………大さじ2
・ごま油………………小さじ1
・うすくち醤油………小さじ2
・みりん………………小さじ1/2

作り方

①ツナ缶の汁気をよく切る。

②耐熱ボウルに材料を全部入れて、明太子を手でちぎる。

③❷をスプーンでほぐしながら混ぜる。

④ラップをふんわりかけ、600wの電子レンジで1分半加熱する。

⑤全体をかき混ぜて、❹のようにラップをかけて、更に1分半加熱する。

【キッチンメモ】

◇明太子が破裂することがあるので、空気が逃げるようにラップはボウルを覆うようにかけ、ボウルとラップをぴったりくっつけないようにしてください。

◇保存は冷蔵庫で、5日を目安にしてください。

冷奴に新たなバリエーション「ツナとカシューナッツの冷奴」

レシピは丁寧に書いたけど、ツナ缶を「パカッ」とあけて、蓋を押し当てて油を切ります。そこにナッツときゅうりを入れて、醤油とごま油で味付けする。それを豆腐にかければ出来上がりなのさ。簡単でしょ？

材料　ふたり分
（調理時間：10分）

・ツナ缶………………1缶（70g）
・カシューナッツ……20粒
・きゅうりの漬物（醤油漬け）
　………………………30g
・絹ごし豆腐…………1丁

〈A〉
・ごま油………………大さじ1
・塩……………………小さじ1/8
・醤油…………………小さじ1

作り方

①カシューナッツときゅうりの漬物は粗く刻む。
②ボウルに〈A〉を入れて混ぜ、油を切ったツナ缶、❶を入れて混ぜる。
③器に絹ごし豆腐を手で割りながら盛り付け、❷をのせる。

【キッチンメモ】
◇きゅうりの漬物を、ザーサイにしてもおいしい。

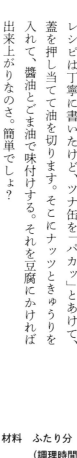

100年先も残る昔ながらの肉じゃが

じゃがいもの表面は、
牛肉のうま味と一緒に醤油色に染まった。
これさえできれば、あなたも立派な料理人。

材料　2～3人分
（調理時間：30分）

・牛肉の薄切り…150g
・じゃがいも……4個
・人参……………1本
・玉ねぎ…………1個
・糸こんにゃく…200g
・絹さや…………8本
・サラダ油………大さじ1

〈A〉
・砂糖……………大さじ1と1/2
・酒………………大さじ2
・水………………100ml
・醤油……………大さじ2

作り方

①玉ねぎは、皮をむいてくし形切りにする。人参とじゃがいもも、皮をむいて乱切りにする。糸こんにゃくはお湯で洗い、5cm幅に切る。絹さやは筋をとり、斜めに切る。

②フライパンでサラダ油を温め、牛肉を炒めて、お皿に取り出す。

③❷のフライパンにじゃがいも、人参、玉ねぎ、糸こんにゃくを入れて、油を馴染ませるように炒める。

④❸に〈A〉を加え、牛肉を戻して蓋をする。

⑤❹が一煮立ちしたら、中火の弱火で10分蒸し煮にする。

⑥❺の上下を返して、絹さやを入れて、蓋をして弱火で5分蒸し煮にする。

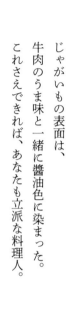

スタミナ醤油だれで作る焼肉定食

網の上に一切れの肉をのせると、表面に肉汁が浮きはじめる。その肉汁を一滴も逃すまいと箸で丁寧に摘んでたれにつけると、茶色の中に黄金油が浮かぶ。後は、白いご飯をワンバンないしはツーバンさせて、大きく開けた口の中へと運べば良い。

材料　ふたり分（調理時間：20分）

・焼肉用の和牛…200g
・玉ねぎ…………1/2個
・塩………………小さじ1/8
・サラダ油………大さじ1/2

〈スタミナ醤油の焼肉のたれ〉
※材料と作り方はP11

作り方

①〈スタミナ醤油の焼肉のたれ〉を作っておく。
②玉ねぎは、皮と芯をとって、ひとくち大に切る。
③フライパンにサラダ油を温め、玉ねぎをしんなりするまで強火で炒める。
④❸の玉ねぎを端に寄せて、火を牛肉を焼く部分に当てて塩を振った牛肉を、強火で両面焼く。
⑤❹に❶のスタミナだれ（大さじ3）を入れて、軽く煮詰めながら炒める。
⑥器に盛り付け、好みでスタミナだれを更にかける。

葉と皮だとあなどるなかれ、「ご飯の友、かぶの葉と皮のごま油炒め」

かぶの葉と皮で作るもう一品は、実は「ごちそう」です。

材料　作りやすい分量
（調理時間：10分）

・かぶの葉……………2株分
・かぶの皮……………2個分
・白ごま………………大さじ1
・ごま油………………大さじ1/2

〈A〉
・醤油…………………大さじ1
・砂糖…………………大さじ1/2
・酒……………………大さじ2
・かつお節……………ひとつまみ

作り方

①かぶの葉は、小口切りにする。かぶの皮は細切りにする。
②フライパンにごま油を温め、❶がしんなりするまで炒める。
③❷に〈A〉を入れて、炒め煮にし、白ごまを混ぜる。

かぶとスナップエンドウの〝和だし〟サラダ

この料理、「サラダ、おひたし、浅漬け」の3つの良いところをぜんぶ集めてみました。かぶの香りとスナップエンドウの食感が、「ずっと食べられる」やつです。

材料　ふたり分（調理時間：20分）

・かぶ……………………2株（200g）
・スナップエンドウ…8本
・塩……………………ひとつまみ

〈A〉
・白だし………………大さじ3
・水……………………150㎖
・酢……………………小さじ2

作り方

①かぶの皮をむいて、薄い輪切りにし、塩もみする。スナップエンドウは、筋をとって分量外の塩を入れて塩茹でし、冷水にとる。
②ボウルに〈A〉を入れてよく混ぜ、かぶと2つに割ったスナップエンドウを漬けて、冷蔵庫で15分おく。

【キッチンメモ】

◇白だし、水、酢で作るおひたしのたれ。本当に便利なんです。アスパラ、クレソン、菜の花、ブロッコリーなど、旬の野菜をさっと茹でて、15分漬けておくだけ。野菜がたっぷりとれて、晩酌のアテにもぴったりです。

関西人のたこ焼き

たこ焼きの材料を目の前にすると、職人魂に火がつく友人がいる。生地をたこ焼き器に流し込み、竹串を持ちながら、彼は言う。「気持ちも一緒に丸めてやらなあかん」。

材料　30個分（調理時間：30分）

・茹でダコ……………………150g
・紅しょうが…………………50g
・青ねぎ………………………1本
・天かす………………………大さじ4
・サラダ油……………………適量
・和風だし……………………400㎖
※ソース、マヨネーズ、かつお節、青のり

〈A〉
・小麦粉………………………100g
・卵……………………………1個
・醤油…………………………小さじ2
・みりん………………………小さじ2

作り方

①茹でダコはひとくち大に切る。紅しょうがは、みじん切りにする。青ねぎは小口切りにする。
②ボウルに〈A〉を入れて、和風だしを3回に分けて加え、よく混ぜる。
③たこ焼き器でサラダ油を温め、❷を一面に流し入れる。
④❸に「❶と天かす」をのせる。
⑤表面が乾いてきたら、竹串で穴と穴の間に筋を入れ、90°転がす。
⑥❺に再度、生地を流し入れ、表面が乾いてきたら、転がしながら丸くする。
⑦器に盛り付け、ソースやマヨネーズなどをかける。

春キャベツのお好み焼き

「秋なすは嫁に食わすな」なんて言われるから、
これからは「春キャベツは旦那に食わせてあげない」んだ。

材料　ふたり分（調理時間：25分）

・豚バラスライス…………100g
・キャベツ…………………1/4玉
・長芋………………………150g
・卵…………………………2個
・サラダ油…………………適量
・ソース……………………適量
・マヨネーズ………………適量
・かつお節…………………適量
・紅しょうが………………適量

〈A〉
・小麦粉……………………60g
・和風だし…………………50mℓ
（水に白だしを混ぜるだけでも十分おいしい）

作り方

①キャベツは1㎝角に切る。長芋は皮をむいて保存袋に入れ、空き瓶などで叩いて潰す。
②ボウルに〈A〉、長芋、卵を入れてよく混ぜる。
③❷にキャベツを加えて、空気を混ぜ込むようにさっくり混ぜる。
④フライパンにサラダ油を温め、❸の生地を流し入れて、豚バラスライスをのせる。
⑤❹に蓋をして、弱火の中火で3分焼き、上下を返して、さらに3分焼く。
⑥器に盛り付け、トッピングで好きな味付け、好きな味付けで仕上げる。

いいこと思いつきました。だしパックで「梅だしにぎり」

突然ですが、だしパックって使ってます? おみそ汁や煮物などにとっても便利ですよね。ただあの茶色い袋の中身って知ってますか? かつお節だけじゃなくて、いわし節やさば節も入ってるんです。んっ? おいしいものしか入ってないぞ!? そうだ! おにぎりにしよう。

作り方

①だしパックをハサミで切り、中身をボウルに出して醤油をお好みの量混ぜる。

②ボウルにご飯を用意して、❶とちぎった梅干しを入れる。

③❷をさっくりと混ぜる。

④お好みの形に握る。

【キッチンメモ】

◇うま味のかたまりのおにぎり。お気に入りの梅干しでぜひお試しくださいませ。

材料　おにぎり3つ分
(調理時間:5分) 炊飯時間を除く

・梅干し………………2粒
・だしパック…………1袋 (10g)
・醤油…………………適量
・ご飯…………………茶碗2膳分 (大盛り)

梅としらすとクレソンのお粥

お粥は、お米のうま味が
染み出したスープである。
早起きの朝に食べれば、
体の中から目が覚めていく感じが
とても心地いい。

材料　ふたり分（調理時間：40分）

・米……………………1合（150g）
・水……………………1ℓ
・塩……………………小さじ2/3
・クレソン……………1束
・梅干し………………2粒
・しらす………………30g

作り方

①梅干しは、種をとってちぎる。クレソンの茎は小口切りにし、葉は2㎝幅に切る。
＊クレソンの葉は飾り用に少し取り分けておく。

②お米を研いで水を切り、鍋に入れ、水と塩を入れて、蓋をして中火にかけ、一煮立ちさせる。

③❷を弱火にして、蓋と鍋の間に菜箸を挟んで、20分炊く。

④❸にクレソンを入れて、蓋をして更に10分炊く。

⑤しらす、梅干し、クレソンの葉をのせる。

【キッチンメモ】

◇ごまや塩昆布をトッピングしてもとってもおいしい。

「ポリポリ大根」がなければ困る、とくに「納豆ごはん」には。

切り干し大根で作るお漬物は、食卓にあると安心する。なかでも納豆を食べるときに「ポリポリ大根」をたっぷりのせ、口の中に入れて、ネバネバ、ポリポリすれば別格のおいしさです。

材料　作りやすい分量（調理時間：20分）漬け込み時間を除く

・切り干し大根……………50g
・昆布………………………３㎝×４㎝
・醤油………………………50㎖
・砂糖………………………大さじ1/2
・酒…………………………50㎖

作り方

①切り干し大根は水で2回ほど洗って、15分ほど水につけて戻し、よく絞って食べやすい大きさに切る。
②耐熱容器に酒と砂糖を入れて、600wの電子レンジで1分加熱し、アルコールを飛ばす。
③❷に醤油、細切りにした昆布を加えて混ぜる。
④❶の切り干し大根を保存容器に入れて❸をかける。
⑤ラップをぴっちりかぶせて、冷蔵庫で2時間以上漬けおく。

【キッチンメモ】
◇納豆にあわせるのもおススメ。

えびそぼろの大人ののり弁

のり弁だって、お洒落に大人はできるんだ。ちくわの磯辺揚げも、白身魚のフライも、鮭の塩焼きものせない。海苔とみつ葉を醤油で和えて、えびとはんぺんのそぼろをのせて、シンプルのり弁。とっても気に入っています。

材料　ふたり分（調理時間：30分）

・むきえび…………150g
・はんぺん…………１袋（110g）
・ご飯………………茶碗２膳分
・みつ葉……………３株
・白ごま……………小さじ２
・焼き海苔…………１枚
・醤油………………大さじ１

〈Ａ〉
・うすくち醤油……大さじ１と1/2
・塩…………………小さじ1/４
・砂糖………………小さじ２
・酒…………………大さじ２
・おろししょうが…３g
・水…………………大さじ５

作り方

①むきえびは包丁で叩いて、そぼろ状にする。はんぺんは、ボウルに入れて手で潰してそぼろ状にする。

②フライパンに〈Ａ〉を入れて一煮立ちさせ、❶を入れて、煮汁がなくなるまで煮る。

③ボウルに刻んだみつ葉、ちぎった海苔、白ごま、醤油を入れて混ぜる。みつ葉は飾り用に少し取っておく。

④お弁当箱にご飯を詰め、❸、えびそぼろの順にのせる。最後にみつ葉を飾る。

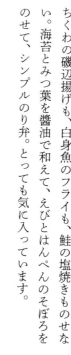

初鰹の「月影しょうゆ」丼

春のかつおは、味が締まっていて、
そのままでもおいしいですが、
みりんの効いた少し甘めのお醤油が、
かつおをトロッと、さらにおいしくしてくれます。

材料　ふたり分（調理時間：25分）

・かつおの柵……………230g
・ご飯………………………茶碗２膳分
・焼き海苔………………１枚
・青じそ…………………４枚
・白ごま…………………適量
・卵黄……………………２個

〈A〉
・醤油……………………大さじ４
・煮切りみりん…………大さじ２

作り方

①かつおは、厚めに切る。青じそは千切りにする。
②ボウルに〈A〉を入れて混ぜる。
③バットにかつおを並べ、❷をかける。
④❸に卵黄を入れて、水面に浮かぶ月影に箸を刺すように崩し、冷蔵庫で15分おく。
⑤どんぶりにご飯、ちぎった海苔、青じそをのせ、❹のかつおを並べ、白ごまを振る。

好物としか言えない。「おろし醤油のカツ丼」

とんかつにキャベツの千切りを添えて、ソースのボトルを「ドン」とテーブルの上に置くだけでは、なんだか味気ない。だから私は、大根おろしと薬味をのせて、醤油だれで立派に仕上げます。

材料　ふたり分（調理時間：30分）

・豚ロースの切り身…２枚（230g）
・塩……………………ふたつまみ
・小麦粉………………適量
・卵……………………１個
・パン粉………………適量
・揚げ油………………適量
・青じそ………………４枚
・大根おろし…………60g
・白ごま………………小さじ１
・かつお節……………ふたつまみ
・ご飯…………………茶碗２膳分

〈醤油だれ〉
・醤油…………………大さじ２
・みりん………………大さじ２

作り方

①みりんを耐熱ボウルに入れて、６００wの電子レンジで30秒を2回かけ、アルコールを飛ばす。
②❶に醤油を入れてよく混ぜ、醤油だれを作る。
③豚ロースに塩を振って、小麦粉、卵、パン粉の順につける。
④揚げ油を１６０℃に温めて❸を2分揚げ、一度取り出し、油を１８０℃にして、1分揚げる。
⑤どんぶりにご飯を盛り付け、かつお節、刻んだ青じそ、白ごま、とんかつ、大根おろしの順にのせ、醤油だれをかける。

わけぎに浮かぶ肉うどん

「肉うどん」だからといって、だしに直接、
牛肉を入れて煮込むなんてナンセンスなことはしてはならない。

材料　ふたり分（調理時間：30分）

・牛肉切り落とし………200g
・しょうが………………5g
・わけぎ…………………1本
・ごま油…………………小さじ1
・冷凍うどん……………2玉

〈A〉
・醤油……………………大さじ2
・砂糖……………………大さじ1
・酒………………………大さじ2

〈うどんつゆ〉
・和風だし………………800㎖
・塩………………………小さじ1
・うすくち醤油…………小さじ2

作り方

①しょうがは皮をむいて千切りにする。わけぎは斜め薄切りにする。
②フライパンでごま油を温め、牛肉としょうがを入れて、肉の色が変わるまで炒める。
③❷に〈A〉を入れて、絡めながら煮詰める。
④鍋に〈うどんつゆ〉の材料を入れて温め、別の鍋でうどんを茹でる。
⑤どんぶりにうどん、つゆ、わけぎ、牛肉の順に盛り付ける。お好みで七味唐辛子を振る。

鶏ごま油そば

キュッとしまったおそばをごま油が
つるっと口の中へと滑らせていく。
鶏肉と野菜の歯応えを感じた後で、
またごま油の香りが鼻から抜けていった。

材料　ふたり分
（調理時間：25分）

・鶏もも肉………1枚（250g）
・長ねぎ…………1/5本
・きゅうり………1/2本
・白ごま…………小さじ1
・そば……………2束（200g）

〈A〉
・しょうが………5g
・酒………………大さじ2
・塩………………ひとつまみ

〈B〉
・塩………………小さじ1/4
・醤油……………小さじ1
・ごま油…………大さじ1
・もも肉の煮汁…全量

作り方

①長ねぎはみじん切りに、きゅうりは千切りに、しょうがは薄切りにする。
②耐熱ボウルに〈A〉を入れて、よく混ぜ、鶏もも肉を加えて混ぜる。
③❷にラップをかけて600wの電子レンジで8分加熱する。
④そばを茹でて氷水でよくしめ、器に盛る。
⑤❸の肉を薄切りにし、きゅうり、長ねぎ、白ごま、〈B〉と一緒にボウルに入れて混ぜ、そばにのせる。

【キッチンメモ】

◇そばは氷水でしっかりと冷やすと歯応えがよくなるので、冷たいおそばを食べる時は流水だけじゃなく氷を使いましょう。
◇③の肉は、チャーハンやサラダの具にしてもおいしい。

夏まで待てない「トマトバジルの柚子こしょうそうめん」

休日のお昼は、麺類が食べたくなります。友達が「めんつゆに柚子こしょうを混ぜるとおいしいよ」と教えてくれたので、さっそく、バジルの香りも足して、ピリッとさっぱりいただきます。

材料　ふたり分（調理時間：30分）

- トマト………………1個（120g）
- きゅうり……………1/2本
- ささみ………………2本
- そうめん……………4束
- めんつゆ……………200㎖
- 塩……………………ひとつまみ
- 酒……………………大さじ1
- 白ごま………………適量
- 柚子こしょう………小さじ1/8

〈A〉

- バジル………………4枚
- オリーブオイル……大さじ1
- 塩……………………小さじ1/4
- 黒こしょう…………少々

作り方

①トマトはヘタをとって、5㎜幅のいちょう切りにする。きゅうりは、千切りにする。バジルは、飾り用としてみじん切りにする。

②ボウルに〈A〉を入れて、混ぜる。

③耐熱容器にささみを入れ、酒、塩を振り、ラップをかけて600Wの電子レンジで2分加熱する。

④❸の粗熱が取れたら、手でほぐしながら❷のボウルに入れる。

⑤❹にトマト、きゅうりを入れて混ぜる。

⑥そうめんを茹でて、冷水でよくしめる。

⑦器にそうめん、❺、白ごまの順に盛り付け、めんつゆを注ぎ、バジルの葉（分量外）と、お好みで柚子こしょうをさらに添える。

しらすと長ねぎ、山盛りしその和風パスタ

醤油、味噌、だしは、本当に何に合わせてもおいしいから洋風なものにもたくさん取り入れる。日本の食文化の柔軟性は、和の調味料やだしに支えられている。世界に誇れるのは、このベースあってこそ。和風パスタは、もう和食なのだ。

材料　ふたり分（調理時間：25分）

・しらす……………40g
・長ねぎ……………１本
・青じそ……………10枚
・にんにく…………２かけ
・鷹の爪……………１本
・白ごま……………大さじ１
・パスタ……………200g
・オリーブオイル…大さじ３

〈A〉
・酒…………………大さじ２
・パスタの茹で汁…大さじ４
・醤油………………大さじ１と1/2
・白こしょう………少々

作り方

①にんにくは皮をむき、包丁の腹で潰して芽をとる。鷹の爪は種をとる。長ねぎはみじん切りにする。青じそは、千切りにする。

②フライパンにオリーブオイル、にんにく、鷹の爪を入れて、にんにくがきつね色になるまで弱火で加熱する。

③❷に長ねぎ、しらす、白ごまを入れて、長ねぎがほんのり色付くまで中火で炒める。

④パスタを茹で、袋の表示時間より、１分20秒早く茹で上げる。

⑤❸に〈A〉を入れて、少し煮詰めてからパスタを混ぜる。最後に青じそを散らして出来上がり。

あさりと豚肉のシンプル鍋

この鍋、だしが異次元のおいしさ。
〆は、ご飯でもうどんでもなく、ベトナムのフォー。

材料　ふたり分（調理時間：20分）

・豚しゃぶしゃぶ肉……150g
・あさり…………………200g
・春菊……………………1/2束
・レモン汁………………適量
・塩………………………適量
・黒こしょう……………適量
・オリーブオイル………適量

〈A〉
・昆布だし………………800㎖
・塩………………………小さじ1
・黒こしょう……………少々
・白ワイン………………大さじ2

作り方

①鍋に〈A〉を入れて一煮立ちさせ、あさりを入れて5分煮る。
②豚しゃぶしゃぶ肉と、食べやすく切った春菊を加えて煮る。
③レモン汁、塩、黒こしょう、オリーブオイルで、たれを作って食べる。

梅と手羽とレタスのスープ

鶏手羽と大根から出たスープにレタスの香りと梅干しのアクセント。「今日は、少し暑いなぁ……」そんな陽気の日にも、梅干しの酸味が、スッキリとお腹を満たしてくれる。スープにご飯を入れて、塩をひと振りして食べるのもおすすめです。

材料　ふたり分（調理時間：30分）

・手羽中……………………10本
・大根………………………80g
・しょうが…………………5g
・梅干し……………………2個
・レタス……………………2枚
・白ごま……………………少々
・黒こしょう………………少々
・オリーブオイル…………小さじ1/2

〈A〉
・塩…………………………小さじ1
・水…………………………700ml
・酒…………………………大さじ2

作り方

①大根は、皮をむいて拍子木切りにする。しょうがは、皮をむいて千切りにする。
②鍋に〈A〉を入れて一煮立ちさせ、手羽中、大根、しょうがを入れ、蓋を少しずらしてのせ、中火で15分煮る。
③❷に、ちぎったレタスと梅干しをそのまま入れて、5分煮る。
④器に盛り付け、白ごま、黒こしょうを振り、オリーブオイルをかける。

洋のひと皿

「イングリッシュ・肉・じゃがー」Nick.Jagger ースペアリブとじゃがいもの煮込みー

ローリング・ストーンズの〝ミック〟は言った。「自分たちが心から楽しんでいるからこそ、成功も手に入れることができた」と。煮込み料理の〝ニック〟は言った。「煮込んでいる間に他のことを楽しめば、すぐに〝いただきます〟の時間だ」と。

材料　3〜4人分(調理時間:80分)

・スペアリブ………600g
・オリーブオイル…大さじ1
・赤ワイン…………100㎖
・水…………………350㎖
・ローリエ…………1枚
・玉ねぎ……………1個
・人参………………1本
・じゃがいも………4個(メークイン)
・トマト缶…………1缶(400g)

〈A〉
・塩…………………小さじ1
・黒こしょう………たっぷり
・砂糖………………小さじ1/2

作り方

①玉ねぎは、皮をむいて6等分のくし形切りにする。人参は、皮をむいて乱切りにする。じゃがいもは、皮をむき芽をとる(大きければ、食べやすい大きさに切る)。
②フライパンにオリーブオイルを温め、スペアリブを入れて、焼き色をつける。
③❷を鍋に移し、赤ワイン、水、ローリエを加えて一煮立ちさせ、蓋をして弱火で20分煮る。
④❸に玉ねぎ、人参、じゃがいも、トマト缶と〈A〉を加えて、蓋をして更に20分煮込む。
⑤❹のトマトを潰して、蓋をずらしてかぶせ、蒸気を逃しながら15分煮込む。

「トンテキ」ガーリック玉ねぎソース

豚肉とにんにくに、
玉ねぎの香りがおいしいトンテキ。
まだ台所で片付けをしている私に、
ダイニングから「いただきます」と「おかわり」
の声が聞こえた。ニヤリ。

材料　ふたり分（調理時間：20分）

・豚ロースの切り身………2枚（400g）
・塩…………………………ふたつまみ
・にんにく…………………2かけ
・小麦粉……………………適量
・サラダ油…………………大さじ2
・バター……………………15g

〈A〉
・玉ねぎ……………………1/4個
・醤油………………………大さじ3
・酒…………………………大さじ4
・砂糖………………………大さじ2
・黒こしょう………………少々

〈付け合わせ〉
・千切りのキャベツときゅうり
・レモン

作り方

①玉ねぎは皮をむいてすりおろす。にんにくは皮をむいて薄切りにし、芽をとる。
②ボウルに〈A〉を入れてよく混ぜる。
③豚ロースは筋を切って、塩を振り、小麦粉をまぶす。
④フライパンにサラダ油とにんにくを入れて、弱火できつね色になるまで炒め、にんにくを取り出す（このにんにくは盛り付けのときに添える）。
⑤❹に豚ロースを加えて、中火で両面を焼く。
＊焼き時間の目安は、中火で2分半焼き、上下を返して更に2分半焼く。
⑥❺に❷を入れて、豚ロースに絡めるように1分ほど煮詰める。
⑦仕上げにバターを入れて溶かす。付け合わせとともに盛り付ける。

つぶやき

三重県四日市名物のトンテキ。四日市では4つの条件を満たさないと「トンテキ」と呼ぶことはゆるされず、その料理は「ポークソテー」と呼ばれることになるそうです。

その1、ソテーした厚切り肉であること。その2、黒っぽい色で、味の濃いソースが絡んでいること。その3、にんにくが添えられていること。その4、付け合わせは千切りキャベツときゅうりであること。

条件を見ているだけで口の中がもう……、おいしくなる。甘辛い、濃い味のソースをたっぷり絡めたトンテキ、週末の食卓にぜひどうぞ。にんにくチップとパリパリのキャベツの千切りもお忘れなく！

これができれば褒められる「マッシュルームハンバーグ」

今まで、ハンバーグに「マッシュルーム」を入れていなかった人は、
これから絶対入れてください。
「玉ねぎの甘みと肉汁」にマッシュルームの香りが加わると、家庭のテーブルが
「老舗の洋食店」に変身します。

材料　4人分（調理時間：40分）

・合挽肉……………………400g
・玉ねぎ……………………1/2個
・マッシュルーム…………4個
・オリーブオイル…………大さじ2
〈A〉
・塩…………………………小さじ1/2
・黒こしょう………………少々
・ナツメグ…………………少々
〈B〉
・パン粉……………………40g
・卵…………………………1個
・牛乳………………………大さじ3

〈マッシュルームソース〉
・マッシュルーム……4個
・にんにく……………2個
・バター………………8g
〈C〉
・醤油…………………大さじ3
・みりん………………大さじ1と1/2
・黒こしょう…………少々

作り方

①玉ねぎは皮と芯をとって、みじん切りにする。ハンバーグ用のマッシュルームもみじん切りにする。
②ソース用のマッシュルームは、軸はとらず薄切りにする。にんにくは、皮と芽をとって5㎜角に切る。
③フライパンでオリーブオイル（大さじ1と1／2）を温め、❶を入れてしんなりするまで炒める。
④ボウルに〈B〉を入れてフォークで混ぜる。
⑤別のボウルに合挽肉を入れて、粘り気が出るまでよく混ぜる。
⑥❺に〈A〉を入れて混ぜ、❹と粗熱が取れた❸を加えて、更に混ぜる。
⑦ハンバーグ種を4等分にして、空気を抜きながら小判形にまとめる。

〈ハンバーグの焼き方〉

準備：オーブンを220℃に予熱しておく。
①フライパンでオリーブオイル（大さじ1／2）を温め、ハンバーグを入れて、中火で両面に焼き色をつける。
②220℃のオーブンで12分焼く。

〈マッシュルームソースの作り方〉

①鍋にバターとにんにくを入れて、きつね色になるまで炒める。
②マッシュルームを入れてしんなりす

るまで炒め、〈C〉を加えて、みりんのアルコールが飛ぶまで煮る。
③❷に焼いたハンバーグの天板に残った肉汁を混ぜる。ハンバーグをお皿に付け合わせと一緒に盛り付けて、マッシュルームソースをかける。

つぶやき

ハンバーグは、おじいちゃんやおばあちゃんになっても、「きっとおいしい」から、これが一番というお気に入りのレシピを覚えておきたい。

僕のハンバーグにはマッシュルームが欠かせないのですが、余った「マッシュルームとにんにく」で作る、醤油ベースのバターソースは、ローストビーフやポークソテーとも抜群の相性です。

イギリス生まれの「マッシュポテトミートパイ」

ホクホクのマッシュポテトの下から、
熱々のミートソースが顔を出すと、一気に蒸気が上がる。
このおいしさを知らない人生なんて、もう考えられない。

材料　3〜4人分（調理時間：40分）

〈ミートソース〉
・合挽肉………………200g
・玉ねぎ………………1/2個
・バター………………10g

・とろけるチーズ……50g

〈A〉
・ウスターソース……大さじ1/2
・塩……………………小さじ1
・黒こしょう…………たっぷり
・赤ワイン……………大さじ3
・トマトピューレ……250mℓ
・ローリエ……………1枚

〈マッシュポテト〉
・じゃがいも…………3個（380g）
・にんにく……………1かけ
・牛乳…………………大さじ5
・塩……………………小さじ1/8

作り方

〈マッシュポテトを作る〉

①じゃがいもは皮をむき、芽をとって4等分に切る。にんにくは皮ごと2等分に切る。
②鍋に❶を入れて、水をかぶる程度まで加えて蓋をし、20分茹でる。
③ボウルにじゃがいもを取り出し、牛乳と塩を入れて潰す。

〈ミートソースを作る〉

①玉ねぎをみじん切りにする。
②フライパンでバターを温め、合挽肉を入れて焼き色がつくように押さえながら炒め、玉ねぎを入れてしんなりさせる。
③❷に〈A〉を加えて、一煮立ちさせたら、弱火で10分煮る。

〈ミートパイを作る〉

①オーブンを230℃に予熱する。

②耐熱容器に、ミートソース、とろけるチーズ、マッシュポテトの順に重ね入れ、230℃のオーブンで8分焼く。

③仕上げに分量外のバター（5g）を表面に塗る。

夢の合体「ミートポリタン」

夢を叶えてしまった。
スパゲティー屋さんに行って、
メニューを見ると「ナポリタン」「ミートスパゲティー」
といつも目が合う。こんなことを言うと
スポーツ部の男子学生のようだけど、
困ったことに必ずだ。
そんな二つが、「ガチャーン」と夢の合体です。

材料　ふたり分（調理時間：30分）

- 合挽肉……………………100g
- 玉ねぎ……………………1/4個
- ピーマン…………………２個
- オリーブオイル………大さじ１
- パスタ……………………200g
- 塩…………………………ひとつまみ
- 赤ワイン…………………大さじ４
- ケチャップ………………大さじ４
- 砂糖………………………小さじ１
- パスタの茹で汁………大さじ３
- 黒こしょう……………少々
- バター……………………８g

作り方

①玉ねぎは、芯と皮をとって薄切りにする。ピーマンは、ヘタと種をとって細切りにする。
②フライパンにオリーブオイルを温め、合挽肉を入れて、〝チリチリ〟と音がして、焼き色がつくまで触らずに待つ。
③❷に塩を入れて、木べらでほぐし、ときおり押し付けて焼き色をつける。
④❸に玉ねぎとピーマンを入れて、しんなりするまで炒める。
⑤〝1％程度の塩分〟のお湯で、パスタを袋の表示時間通りに茹でる。
⑥❹に赤ワインを入れて半分の量になるまで煮詰め、ケチャップと砂糖を加えてさらに弱火で1分ほど煮る。
⑦❻に茹で汁を加えて、パスタが茹で上がるまで弱火で保温する。
⑧茹で上がったパスタに❼、黒こしょう、バターを加えて、混ぜる。

【キッチンメモ】
◇合挽肉を炒めるときは、入れてすぐに木べらで触らずに〝チリチリ〟と音がするまで待つ。こうすることで、しっかりと肉に焼き色がついてうま味が凝縮する。

つぶやき

ナポリタンやミートソースには、なんらかの思い出があるだろう。

僕の思い出は、小学生としての最後の夏。

海の近くで育った少年はある日。意を決して、浜辺が一望できる「カフェ・レストラン　ムーミンパパ」に向かうのである。

カフェといっても田舎なので、要は喫茶店なのだが、最大限の〝ハーバー感〟を出すためだろう。

店内は、水兵さんのようなマリンブルーとカントリー調の白がベースだったように思う。

席に通され、メニューを見る。緊張しているせいか、「ミートソーススパゲティー」それしか目に入ってこなかったので、それを注文する。

テーブルに運ばれたスパゲティーをフォークにグルグルと巻きつけて、口の中へ。

少年には驚くべきおいしさだった。

いい思い出だが、「何に意を決して」カフェに向かったのか？

それは謎だ。

きっと大人の階段でも上ろうとしていたのだろうか。

それならば、せめて注文は「ピザ」あたりにしておけばよかったのに。

トマトの酸味が、カルボナーラと出会った「プチ・トマトナーラ」

カルボナーラにミニトマトを入れて作る「プチ・トマトナーラ」は、トマトの甘酸っぱさがクリームと混ざって、いつもよりこってりしすぎなくて食べやすい。黒こしょうをたっぷり振って、仕上げのオリーブオイルも忘れずに。

材料　ふたり分（調理時間：20分）

・ベーコンブロック……80g
・ミニトマト……………8個
・パスタ…………………200g
・オリーブオイル………小さじ1
・白ワイン………………大さじ3
・パスタの茹で汁
……………………………大さじ6

〈A〉
・粉チーズ………………大さじ4
・卵黄……………………2個
・生クリーム……………大さじ4
・黒こしょう……………たっぷり

作り方

①ベーコンは、5㎜幅の棒状に切る。ミニトマトはヘタをとり、縦半分に切る。

②フライパンに、ベーコンとオリーブオイルを入れて、弱火でじっくり焼き色をつける。

③ミニトマトを加えて、潰しながら、柔らかくなるまで中火で炒める。

④❸に白ワインを加えて、アルコールを飛ばし、弱火で保温する。

⑤1％程度の塩分のお湯で、袋の表示時間より1分20秒ほど早くパスタを茹で上げる。

⑥ボウルに〈A〉を入れて、よく混ぜる。

⑦❹のフライパンに茹で汁を加えて一煮立ちさせ、パスタを加えて1分ほど混ぜる。

⑧❼の火を止めて、❻の卵黄ソースと、分量外のオリーブオイル大さじ1を加えて混ぜる。

⑨器に盛り付けて、分量外の黒こしょうを、お好みにあわせてたっぷり振る。

基本のクラムチャウダーに "オイスターソース" を少し

クラムチャウダーにコンソメはいらない。
その代わりにオイスターソースを隠し味で、少し入れます。
あさりのうま味に牡蠣のうま味が加わるのですから、
おいしくない訳がありません。

材料　ふたり分（調理時間：15分）

・あさり……………………200g
・玉ねぎ……………………1/4個
・人参………………………1/4本
・じゃがいも………………1個（170g）
・バター……………………20g
・小麦粉……………………大さじ1
・水…………………………150㎖
・白ワイン…………………大さじ2
・牛乳………………………200㎖
・塩…………………………小さじ2/3
・黒こしょう………………少々
・オイスターソース…小さじ1
・パセリ（みじん切り）
……………………適量（なくてもOK）

作り方

①玉ねぎと人参は皮をむいて、みじん切りにする。じゃがいもは皮をむいて、7㎜角に切る。あさりは砂抜きしておく。

②鍋にバター、玉ねぎ、人参を入れて、玉ねぎがしんなりするまで、中火で炒める。

③❷に小麦粉を入れて、油をなじませる。

④❸に水、塩、黒こしょうを加えて、一煮立ちさせ、蓋をして弱火で5分煮込む。

⑤耐熱ボウルにじゃがいも、あさり、白ワインを入れて、ラップをかけ、600wの電子レンジで8分加熱する。

⑥❹に❺、牛乳、オイスターソースを入れて、沸騰する手前まで温め、弱火にして2分煮る。

⑦器に盛り付けて、パセリを振る。

【キッチンメモ】

◇じゃがいもの品種によって加熱時間が変わるので、柔らかくなったか確かめてください。ただし、煮すぎるとあさりが硬くなってしまうので要注意です。

知ってて損なし。「ジンジャーアジフライ」

サクサク衣の中から、〝しょうが風味〟のふっくらアジが顔を出す。
口の中は、蒸気を落ち着かせようと「ホッホッホ」と忙しい。
そのうちに、少しひんやりとした
「タルタルソース」が混じり合っていく。

材料　ふたり分（調理時間：25分）

・アジ……………………2尾
・小麦粉………………適量
・卵……………………1個
・パン粉………………適量
・揚げ油………………適量

〈A〉
・おろししょうが…8g
・塩……………………小さじ1/4
・白こしょう………少々
・酒……………………大さじ1

〈電子レンジで簡単「タルタルソース」〉
※材料と作り方はP8

作り方

① アジの頭を落として、背開きにし、中骨をとる。
＊スーパーの鮮魚コーナーで頼んでしまうと便利。
② ボウルに〈A〉を入れてよく混ぜ、❶に塗り、冷蔵庫で15分おく。
③ ❷に小麦粉、卵、パン粉の順でつける。
④ 170℃の油で2分半揚げる。
⑤ 器に盛り付けて、〈電子レンジで簡単「タルタルソース」〉をかける。キャベツやパプリカ、ブロッコリーなどを添える。

焼きホタテとモッツァレラチーズのオリーブオイル醤油和え

ホタテを軽く焼いて、中は生に仕上げます。
モッツァレラチーズと合わせて、
わさびのきいた醤油のドレッシングをかけると、
まるでレストランのようなミルキーな一皿に。

材料　ふたり分（調理時間：15分）

・ホタテの貝柱…………3個
・モッツアレラチーズ…50g
・青ねぎ…………………少々
・サラダ油………………適量

〈A〉
・わさび…………………小さじ1/8
・醤油……………………小さじ1
・レモン汁………………小さじ1
・オリーブオイル………小さじ2

作り方

①青ねぎは斜め薄切りにする。モッツァレラを手でさく。

②ホタテの片側にサラダ油を塗る。焼いたホタテを冷やす氷水をビニール袋に入れておく。

③フライパンを火にかけて水を少し落としすぐに蒸発する程度まで温める。

④フライパンに油を塗った方を下にしてホタテを入れ、強火で1分半焼く。

⑤ホタテを取り出し、用意しておいた氷水の入ったビニール袋をのせて、冷やす。

⑥ボウルに〈A〉を入れてよく混ぜる。

⑦ホタテを4等分に切って、モッツァレラと一緒に盛り付け、青ねぎを散らし、❻をかける。

玉ねぎとアスパラのシンプルポトフ

材料　ふたり分（調理時間：45分）

- 玉ねぎ……………………1個
- アスパラ…………………4本
- ベーコンスライス……30g
- 水…………………………400㎖
- 白ワイン…………………大さじ1
- 塩…………………………小さじ1
- 黒こしょう………………少々

玉ねぎとアスパラ、細切りのベーコンだけで、シンプルにポトフを作ります。嘘みたいにおいしいポトフが出来上がります。

作り方

①玉ねぎは皮をむいて4等分に切る。皮も使うので取っておく。アスパラは根元の硬い部分をむいて、半分に切る。ベーコンは細切りにする。

②鍋に水と玉ねぎの皮を入れて、一煮立ちさせ、弱火で3分煮て、皮を取り出す。

③❷に玉ねぎ、ベーコン、白ワイン、塩、黒こしょうを入れて再沸騰させ、蓋をして弱火で30分煮る。

④蓋を開けて、アスパラを加えて5分煮る。

⑤器に盛り付ける。

「TON de ROLL」
ズッキーニフライー豚でロールー

揚げたてという響きが、とても好きだ。「揚げたてのコロッケ」、「揚げたての唐揚げ」、「揚げたての天ぷら」。家庭での揚げ物は掃除が大変。それでも揚げたくなるのは、おいしいから。口の中に入れて「カリッ、ジュワー」。そうすれば、今までの苦労なんてお釣りがくるぐらい幸せだ。

材料　2～3人分（調理時間：20分）

- ズッキーニ……………1本
- 豚バラスライス………6枚
- 塩………………………ふたつまみ
- 黒こしょう……………少々
- 小麦粉…………………適量
- 卵………………………適量
- パン粉…………………適量
- 揚げ油…………………適量
- レモン…………………適量

〈レモンマスタードソース〉
※材料と作り方はP8

作り方

①〈レモンマスタードソース〉を作っておく。
②ズッキーニはヘタを切って、縦6等分に切る。
③❷の端を3㎝ほど残して、豚バラスライスを巻き、塩と黒こしょうを振る。
④❸に小麦粉、卵、パン粉の順につける。
⑤170℃の揚げ油で、2分半揚げる。❶のソースと、薄く切ったレモンを添える。

春菊とマッシュルームのマスタードサラダ

小さい頃は、すき焼きの〝春菊〟が、どうも苦手でした。〝甘い割下〟で煮られた〝溶けるような霜降りのお肉〟が、苦い春菊に邪魔されたくなくて、母が、卵の入ったお碗によそってくれたものを、箸で〝1ミリ〟も付いてくれるなとよけていたことを思い出します。そんな私も、今や春菊の虜となる大人。

材料　ふたり分（調理時間：20分）

・春菊……………………1束（170g）
・マッシュルーム……4個
・ベーコンスライス…60g
・オリーブオイル……小さじ1

〈基本のマスタードドレッシング〉
※材料と作り方はP9

作り方

①ボウルに、〈基本のマスタードドレッシング〉を作っておく。

②春菊は冷水につけて、〝シャキッ〟とさせ、水気を切って4等分に切る。マッシュルームは軸をとって、縦に薄切りにする。ベーコンは、1㎝幅に切る。

③フライパンにオリーブオイルとベーコンを入れて、ベーコンが〝カリッ〟とするまで弱火で炒める。

④大きめのボウルに春菊、マッシュルーム、ベーコンを入れて、マスタードドレッシング（大さじ1と1／3）をかけて、手で混ぜる。

【キッチンメモ】

◇ドレッシングの油は、白ごま油、グレープシードオイルなどでも代用できます。香りの弱いものがおすすめです。

◇サラダは、手で混ぜた方が、ドレッシングが隅々まで行き渡るので、断然おいしい。

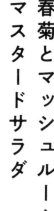

BLP ベーコンレタスパスタ

オイスターソースを少しだけ入れるとおいしいです。
オイスターソースがない場合は、粉チーズを振ってどうぞ。

材料　ふたり分（調理時間：20分）

・ベーコンブロック……80g
・レタス……4枚
・にんにく……1かけ
・鷹の爪……1本
・オリーブオイル……大さじ2
・白ワイン……大さじ2
・オイスターソース……小さじ1
・パスタ……200g
・パスタの茹で汁（塩分1％）……大さじ2
・黒こしょう……たっぷり

作り方

①ベーコンは5㎜幅の棒状に切る。にんにくはみじん切りにする。鷹の爪は、種をとって輪切りにする。

②フライパンにベーコンを並べて弱火にかけ、ベーコンが色付くように炒める（箸などであまり触りすぎない、焼肉をしているマインドで）。

③❷にオリーブオイルとにんにく、鷹の爪を加えて、にんにくがきつね色になるまで炒める。

＊パスタを茹ではじめる。

④❸に白ワイン、茹で汁、オイスターソースを加えて、弱火で保温する。

⑤アルデンテ1分前になったパスタ、ちぎったレタス、黒こしょうを加え、アルデンテまでフライパンの中で混ぜ続け、最後に分量外のオリーブオイル（大さじ1）を加えて混ぜる。

【キッチンメモ】

◇ベーコンはじっくり焼くべし。

◇茹で汁の塩分濃度は、パスタを入れる前に茹で汁を味見して、1％くらいの塩分（飲んでもおいしいと思える塩の量）を入れます。

◇黒こしょうは、最後に振ると香りよし！

◇パスタの袋に書いてあるアルデンテの表示時間より1分早く茹で上げて、フライパンの中へ！

ボンゴレ・リモーネ、私のお気に入り。

ボンゴレは、覚えておいて損のないパスタレシピの1つ。レモンの香りでアレンジすれば、それだけでお店の味。

材料　ふたり分（調理時間：20分）

- あさり……………………300g
- にんにく…………………1かけ
- ベーコンスライス…50g
- パセリ……………………1枝分
- 白ワイン…………………大さじ2
- オリーブオイル……大さじ2
- パスタ……………………200g
- パスタの茹で汁
  ……………………………大さじ2
- 黒こしょう………少々
- レモン汁…………………1/2個分
- レモンの皮………1/2個分

作り方

①あさりは砂抜きして、よく洗っておく。にんにくは皮をむき潰して、芽をとる。パセリはみじん切りにする。レモンの皮はすりおろす。

②フライパンにオリーブオイル（大さじ1）とにんにくを入れて、弱火で香りを出し、ベーコンを炒める。

＊にんにくが、きつね色になる程度。

③❷にあさり、パセリ、白ワインを入れて、蓋をして中火で5分蒸す。

④パスタを1％の塩分（分量外）のお湯で茹で、袋のアルデンテの表示時間より1分早く茹で上げる。

⑤❸に茹で汁、レモン汁、黒こしょうを入れて混ぜる。

＊⑤の作業は、パスタを茹でている間に済ませる。

⑥❺に茹で上がったパスタを加えて混ぜ、分量外のオリーブオイル（大さじ1）を回しかける。

⑦器に盛り付け、すりおろしたレモンの皮を散らす。

舞茸が口の中で踊りだす「焼き舞茸とベーコンのパスタ」

舞茸をフライパンの中で炒めるのではなく、両面に焼き色をつけるようにじっくり焼いていきます。そうすると余分な水分が抜けて、舞茸は１００倍おいしくなる。

材料　ふたり分（調理時間：25分）

- 舞茸……………………1パック
- ベーコンスライス…60g
- にんにく……………2かけ
- 鷹の爪………………1本
- パスタ………………200g
- オリーブオイル……大さじ2
- 塩……………………ひとつまみ
- 黒こしょう…………少々
- パスタの茹で汁……大さじ2
- 白ワイン……………大さじ2
- パルミジャーノレッジャーノ……………………適量
- パセリ……………… 適量

作り方

①舞茸を小さめにほぐす。ベーコンを1㎝幅に切る。にんにくは皮をむき、潰して芽をとる。鷹の爪の種をとる。

②フライパンにオリーブオイルとにんにくと鷹の爪を入れて弱火でにんにくがきつね色になるまで炒め、にんにくを取り出す。

③❷に舞茸とベーコンを入れて塩を振り、上下を返しながら両面をしっかりと焼く。

④パスタを袋の表示時間より1分20秒早く茹で上げる。

⑤❸に白ワインと茹で汁を入れて、パスタを加えて1分ほど混ぜる。

⑥火を止めて、黒こしょうと分量外のオリーブオイルを加えて混ぜる。

⑦盛り付け、パルミジャーノレッジャーノとパセリのみじん切りをたっぷり振る。

喫茶店の「カレー焼き飯」目玉焼きのせ

中華料理店のチャーハンもおいしいですが、喫茶店の「焼き飯」が無性に食べたくなるときがあります。バターで炒めた「ウスターソースとカレー粉味」、福神漬けをたっぷりのせて、もう止まりません。

材料　ふたり分（調理時間：20分）

- ソーセージ…………4本
- ピーマン……………2個
- 玉ねぎ………………1/2個
- ご飯
  ……………茶碗2膳分（大盛り）
- 卵……………………2個
- バター………………15g
- 塩……………………ひとつまみ
- 黒こしょう…………少々
- ウスターソース……大さじ3
- カレー粉……………小さじ1
- 福神漬け……………適量

作り方

①ソーセージを輪切りにする。ピーマンはヘタと種をとって、2㎝角に切る。玉ねぎは、皮をむいて2㎝角に切る（大きめです）。

②フライパンでバターを温め、❶を入れて、玉ねぎがしんなりするまで中火でじっくり炒める。

③❷にご飯を加えてフライパンに広げ、木べらで下から上に混ぜながら炒める。

④❸に塩と黒こしょうで下味をつけ、ウスターソース、カレー粉で味を調える。

⑤目玉焼きを焼いて、❹と福神漬けと一緒に盛り付ける。

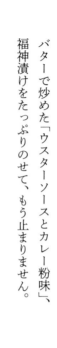

冷凍食材でも大丈夫。「シーフードピラフ」

おいしいピラフには、おいしい出汁。
冷凍食材にもいいところがあります。
シーフードは、冷凍した方が出汁が出やすいんです。

材料　2合分（調理時間：50分）

・シーフードミックス…150g
・ベーコンスライス……50g
・玉ねぎ……………………1/2個
・ミックスベジタブル…50g
・米………………………300g
・バター…………………20g

〈A〉
・水………………………360㎖
・塩……………小さじ1と1/2
・黒こしょう……………少々

作り方

①シーフードミックスとミックスベジタブルを常温解凍して、汁も残しておく。
②ベーコンはみじん切りにする。玉ねぎは、皮をむいてみじん切りにする。
③フライパンでバターを温め、❷を入れて、しんなりするまで炒める。
④❸に米を入れて、お米が透き通るまで炒める。
⑤❹に❶と〈A〉を入れて、蓋をし、沸騰したら弱火にして、10分炊く。
⑥30秒強火にして、火を止めて10分蒸らす。

2020年、私のトースト選手権ナンバーワン「たけのこ&しらすチーズトースト」

「和風トーストって、おいしいんだ!!」と気づいた日。
旬の"たけのこ"がシャキシャキ。チーズがとろとろビヨーン。
しらすのしょっぱさ。バジルと醤油の香り。
ご飯と決めていた日に出されてもおいしいトーストです。

材料　ふたり分(調理時間:10分)

・たけのこ水煮……………………………60g
・しらす…………………大さじ1
・食パン(6枚切り)……2枚
・とろけるチーズ………2枚

〈A〉
・醤油……………………小さじ1
・塩………………………少々
・黒こしょう……………少々
・ドライバジル…………少々
・オリーブオイル………大さじ1

作り方

①たけのこは薄切りにする。
②ボウルに、たけのこと〈A〉を入れて混ぜる。
③食パンに、とろけるチーズをのせる。
④❸に❷のたけのことしらすをのせ、残ったソースもかける。
⑤トースターに入れて、チーズが溶けて、しらすが少し乾いてくるまで焼く。

本当は内緒のはずだった「バター卵サンド」

たいてい「卵サンド」は私を裏切らない。
コンビニであろうが、ホテルのラウンジであろうが、
その時々で適度にお腹を満たし、ほっこりとさせてくれる。
ただ、断言できる。私の「卵サンド」はそれを超えていく。

材料　ふたり分（調理時間：20分）

・食パン（8枚切り）……4枚
・卵……………………3個
・バター………………15g

〈A〉
・塩……………………ひとつまみ
・黒こしょう…………少々
・ナツメグ……………少々
・マヨネーズ…………15g

作り方

①バターを耐熱容器に入れて、600wの電子レンジに40秒かけ、柔らかくする。
②沸騰したお湯に、そっと卵を入れて、10分茹で、冷水にとる。
③茹で卵の殻をむき、包丁で切り目を入れて、黄身と白身に分ける。
④ボウルに黄身、〈A〉、バターを入れて、よく混ぜる。
⑤白身を角切りにして、❹に入れて混ぜる。
⑥食パンに❺をのせて挟む。
⑦キッチンペーパーを湿らせて、サンドイッチにかぶせ、2分ほどおいてから2つに切る。

【キッチンメモ】

◇濡れ布巾や湿らせたキッチンペーパーをかぶせることで、サンドイッチがしっとりと仕上がります。
◇サンドイッチをトースターで焼くと卵に混ぜたバターの風味が増して、よりおいしく食べられます。

アメリカに行きたいので、「ベーコンレタスバーガー」

材料　ふたり分（調理時間：35分）

・合挽肉……………………250g
・塩…………………………小さじ1/8
・黒こしょう……………少々
・オリーブオイル………小さじ1
・ベーコンスライス……4枚（45g）
・レタス……………………1枚
・バンズ……………………2個
・ピクルス…………………2個
・ケチャップ……………小さじ2
・マヨネーズ……………小さじ2
・ナツメグ………………少々

ダイナーの席に着くと向かいのテーブルに、茶色のスラックスに半袖のYシャツ、恰幅のいいブロンドヘアの男性が座っている。テーブルには、ハンバーガーを食べ終えた皿にフライドポテトを2本残して、コーヒーにホットケーキが焼けるぐらいの砂糖とミルクを入れているところだった。これが最上級のバーガースタイルです。

作り方

①レタスはちぎって水につけておく。ベーコンスライスは半分に切る。ピクルスは薄切りにする。
②ボウルに合挽肉、塩、黒こしょうを入れて、よくこねる。
③❷をバンズよりひと回り大きい円盤状にまとめる。
④フライパンにオリーブオイルとベーコンを入れて、弱火で焼き色をつける。
⑤ベーコンを端に寄せて、❸のパティを入れ、フライ返しで押さえながら中火で焼く（焼き時間の目安：中火で、表3分半→裏3分）。
⑥バンズをトースターで温め、2つに切る。
⑦バンズに、水気を切ったレタス、パティ、ケチャップ、ナツメグ、ベーコン、ピクルス、マヨネーズの順にのせて挟む。

アジアごはん

今日から市販品を卒業する「マイベスト麻婆豆腐」

中華合わせ味噌を作っておくと
麻婆豆腐も簡単に本格的に作れます。
人生でたくさん食べる定番料理こそ、
マイベストレシピを覚えておきたいですよね。

材料　ふたり分（調理時間：30分）

- 豚ひき肉……………………………80g
- 豚肩ロース（とんかつ用）……50g
  （もちろん入れなくても作れます）
- 長ねぎ………………………………1/2本
- にんにく……………………………1かけ
- 絹ごし豆腐…………………………1丁（400g）
- 酒……………………………………大さじ2
- 醤油…………………………………大さじ1
- 鶏ガラスープ………………………200mℓ
- 水溶き片栗粉………………………大さじ3
  （片栗粉と水1：1）
- サラダ油……………………………大さじ2
- ごま油………………………………大さじ1
- 花山椒………………………………適量

〈辛い万能「中華合わせ味噌」〉
※材料と作り方はP11

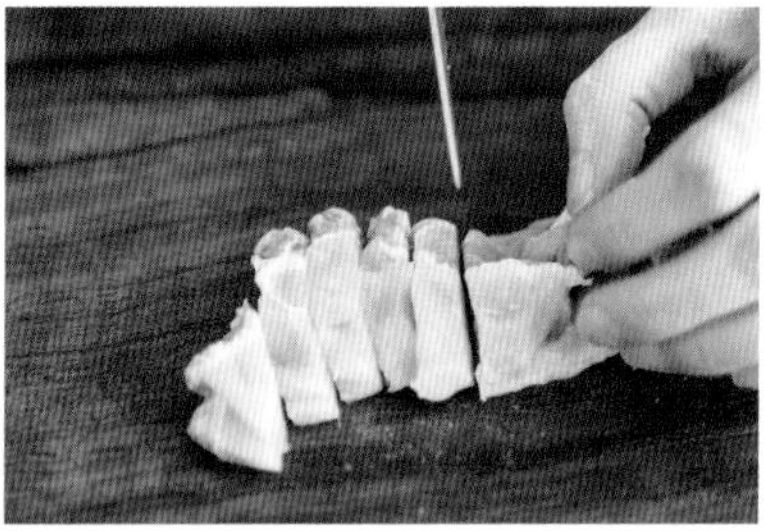

作り方

①〈辛い万能「中華合わせ味噌」〉を作って、保存容器に入れておく。
②長ねぎとにんにくは、みじん切りにする。豚肩ロースは5㎜幅の棒状に切る。
＊仕上げ用の長ねぎを少し残しておく。
③鍋に1％程度の塩分の湯を沸かし、ひとくち大に切った絹ごし豆腐を入れて、弱火で工程❼まで茹でる。
④フライパンでサラダ油を温め、豚ひき肉と豚肩ロースを入れて、焼き色がつくまで、長めに炒める。
⑤❹に、にんにく、中華合わせ味噌（大さじ2と1／2）を入れて、味噌を少し煮詰めるイメージで炒める。
⑥❺に酒、醤油、鶏ガラスープを入れて、一煮立ちさせる。
⑦❻に湯を切った絹ごし豆腐、長ねぎを加える。

⑧❼に水溶き片栗粉を入れて、とろみをつけ、ごま油と花山椒で風味をつける。
⑨器に盛り付け、残しておいた長ねぎをのせる。

つぶやき

暑い日に辛いものを食べると、頭の中がスッキリするので、好きです。

特に粉とうがらしを入れた「麻婆豆腐」の辛さは、たまりません。

ご飯の上にのせれば、嫌なことも忘れて、ただただレンゲですくい上げては、口の中に運んでしまいます。なんと幸せな食べ物だ。

おいしくて、リフレッシュまで出来るなんて。

厚揚げで油淋鶏？「パクチー油淋厚」と申します。

普通、鶏肉で作るのが油淋鶏（ユーリンチー）ですが、厚揚げで作ります。「ヘルシーでおいしい」って響きについつい食べすぎてしまいます。

材料　ふたり分（調理時間：20分）

・厚揚げ……………………1丁
・片栗粉……………………適量
・パクチー…………………1株
・サラダ油…………………大さじ1

〈A〉
・醤油………………………大さじ1と1/2
・砂糖………………………大さじ1
・酢…………………………大さじ1

〈B〉
・ごま油……………………小さじ1/2
・黒こしょう………………少々
・白ごま……………………小さじ2
・長ねぎ……………………1/4本

作り方

①長ねぎはみじん切りにする。パクチーは2㎝幅に切る。
②ボウルに〈A〉を入れてよく混ぜ、〈B〉を加えて軽く混ぜる。
③厚揚げを耐熱容器に入れ、ラップをかけて600wの電子レンジで40秒ほど温める。
④❸の上と下の面に片栗粉をまぶす。
⑤フライパンでサラダ油を温め、厚揚げを入れて、両面をしっかり焼く（焼き時間の目安は片面3分ずつ）。
⑥焼き上がった厚揚げを食べやすい大きさに切り、器に盛り付け、パクチーをのせ、❷をかける。

【キッチンメモ】
◇途中、フライ返しで、上から押し付けるときれいに焼き上がります。
◇和がらしをつけたり、レモンを搾って食べるとおいしいです。

◇焼いた厚揚げは、パン切り包丁で切ると切りやすいです。

つぶやき

厚揚げが主役のレシピですが、実はこのタレで食べるパクチーがとってもおいしいんです。

話が変わりますが、コメントやSNSで「Reizoko ni ALMONDE」について、たくさんの「作ったよ」「美味しかった」などコメントや写真を拝見させていただいています。いつも嬉しいコメントや写真をありがとうございます。この場をかりてお礼申し上げます。

うま味と清涼感がたまらない「ホタテのパセリ炒飯」

パセリ入りのチャーハンを食べたのは、4年前の上海のホテルでのこと。席に案内されると、真っ白なテーブルクロスに、光沢のある糸でセンスよく刺繍がほどこされていた。チャーハンを頼むと卵は白身だけで具はホタテとねぎ、そしてグリーンの鮮やかなパセリ。忘れられない上品な味。

材料　ふたり分（調理時間：30分）

- ・ボイルホタテ………60g
- ・ハム……………………２枚
- ・長ねぎ…………………1/2本
- ・パセリ…………………１枝
- ・卵………………………２個
- ・ご飯……………………茶碗２膳分（大盛り）
- ・サラダ油………………大さじ２と1/2
- ・塩………………………小さじ2/3
- ・黒こしょう……………少々
- ・うすくち醤油…………小さじ２
- ・ごま油…………………小さじ２

作り方

①ボイルホタテは手でほぐす。ハムは5㎜角に切る。長ねぎ、パセリはみじん切りにする。

②フライパンにサラダ油と長ねぎを入れて、弱火で香りが出るまで炒め、小さじ1杯分の油を取りおく。

③卵を溶いてフライパンに入れ、半熟状にし、端に寄せる。

④卵のない部分に、❷で取っておいた油とご飯を加えて軽くほぐし、卵を上にのせる。

⑤卵を切るように、ご飯と混ぜながら炒める。

⑥ほぐれてきたら、ボイルホタテ、ハムを入れて炒める。

⑦塩、黒こしょうを加えて炒める。

⑧うすくち醤油を鍋はだに入れて炒める。

⑨パセリとごま油を加えて炒める。

つぶやき

中華料理が恋しい。台湾や上海に行って、思う存分中華を食べたい。

「そうだ！　家中華をしよう」。少し大変だけど、餃子は皮から作って、青椒肉絲のピーマンの千切りにも負けず、チャーハンも作ろう。

楽しい一日になるはず。ラーメンはどうしようかな？　あんかけ焼きそばは……。

困った。食べたいものがありすぎる。

ライくん家のチキンのカレー

ネパールの友人、シャラド・ライくんの実家に伺ったときにお母さんが作ってくれた家カレーを作りやすいレシピにしました。

材料　2～3人分（調理時間：75分）

・鶏もも肉……………… 1枚（250g）
・手羽中…………………10本（220g）
・玉ねぎ………………… 1と1/2個
・にんにく……………… 2かけ
・バター…………………30g
・塩………………………小さじ1
・ご飯……………………適量

〈A〉
・カレー粉………………大さじ2と1/2
・砂糖……………………小さじ1/2
・トマトピューレ………大さじ6
・水………………………300mℓ

作り方

①玉ねぎは皮をとってみじん切りにする。にんにくは皮をとり、潰して芽をとり、みじん切りにする。鶏もも肉は6等分に切る。
②鍋にバターを温め、玉ねぎが飴色になるまで炒める。
③にんにく、鶏もも肉、手羽中を入れ、塩を振って表面が色付くまで炒める。
④❸に〈A〉を加えて、一煮立ちさせ、蓋をして弱火で50分煮込む。
⑤器にご飯を盛り付け、❹をかける。

【キッチンメモ】

◇玉ねぎを炒めるときは、最初、鍋のまわりに玉ねぎを寄せて、真ん中を空けておくと玉ねぎの水分が素早く蒸発するので、これが飴色への最短距離。

つぶやき

このカレーを食べるとネパールの旅が走馬灯のように頭をかけ巡ります。土煙の匂いまでも、懐かしく。また旅ができるようになるその日まで。ネパールのみんなも元気でいてね。

きんぴらだけじゃ、本当にもったいない。「ごぼうと人参のチヂミ」

ごぼうと人参を使って、チヂミを作ります。ポイントは、材料を先に炒めて、余分な水分を飛ばすこと。味がギュッと凝縮して、野菜のうま味がたっぷり詰まったチヂミの出来上がり。本場のように青唐辛子をかじりながら食べるのもgoodです。

材料　ふたり分（調理時間：20分）

・ごぼう……………………1/2本
・人参………………………1/4本
・塩…………………………ふたつまみ
・サラダ油…………………大さじ3
・ごま油……………………大さじ1

〈A〉
・小麦粉……………………大さじ2
・片栗粉……………………大さじ2
・水…………………………大さじ4

〈これぞ万能「チヂミのたれ」〉
※材料と作り方はP10

作り方

①ごぼうは、洗って斜め薄切りにしてから千切りにし、水につけてアクをぬく。人参は皮をむいて千切りにする。
②小さめのボウルに〈A〉を入れて、よく混ぜる。
③フライパンにサラダ油を半量温め、❶を入れて、塩を振ったらしんなりするまで炒める。
④❸の形を丸く整え、❷を全体にかける。
⑤まわりに焼き色がついたら、上下を返し、残りのサラダ油をまわりに注いで焼く。
⑥上下を返して、ごま油を注ぎ、強火にしてカリッと焼く。裏面も同様に焼く。
⑦食べやすい大きさに切って、お皿に盛り付け、〈これぞ万能「チヂミのたれ」〉を添える。

つぶやき

「材料は他にも○○でもおいしく出来上がります。」と書こうとしました。

〃材料は他にも、じゃがいもや、アスパラ、パクチー、キャベツ……〃「あっ、チヂミって、なんでも合う！」

アレンジしようと思った日。

ヒントは「かき揚げ」で使う材料なら、なんでもおいしいチヂミになる。

枝豆がおいしい季節になったら、「枝豆と貝柱とねぎのチヂミ」と、金色のシュワシュワなんて、最高だと思います。

一度食べたら〝やみつき〟「韓国そぼろの海苔巻き――キンパ――」

ソウルの広蔵市場にあるキンパ屋さんには「たくあんだけ」が入った小さいサイズのキンパがあります。やみつきになってしまうほどおいしいことから、いつしか「麻薬キンパ」と呼ばれるようになったそうです。このレシピは、〝そぼろやナムル〟の入ったものですが、麻薬キンパに負けないぐらいおいしいので、ぜひお試しあれ。

材料　3本分（調理時間：40分）

〈韓国海苔巻き〉
・焼き海苔……………3枚
・ご飯…………………茶碗3膳分
・韓国そぼろ…………100g
・ナムル………………適量
・塩……………………適量
・ごま油………………適量
・白ごま………………適量
〈韓国そぼろ〉＊作りやすい分量
・合挽肉………………200g
・サラダ油……………大さじ1/2
〈A〉
・コチュジャン………大さじ1と1/2
・醤油…………………大さじ1/2
・砂糖…………………大さじ1/2
・酒……………………大さじ2
・おろししょうが……5g
〈合わせ野菜とたくあんのナムル〉
・たくあん……………60g
・ほうれん草…………１束
・人参…………………1/3本
〈B〉
・ごま油………………大さじ1と1/2
・塩……………………ひとつまみ
・醤油…………………小さじ1

作り方

〈韓国そぼろを作る〉

①フライパンにサラダ油を温め、合挽肉を入れて炒め、焼き色がついたら、小さめのボウルに混ぜておいた〈A〉を加えて、汁気がなくなるまで炒め煮にする。

〈合わせ野菜とたくあんのナムルを作る〉

②人参は、皮をむいて千切りにする。ほうれん草は、分量外の塩で塩茹でして冷水にとり、よく絞って4㎝幅に切る。たくあんは、細切りにする。

③ボウルに、❷と〈B〉を入れて手で混ぜ、ナムルを作る。

〈韓国海苔巻きを作る〉

①巻きすに海苔をおいて、ごま油を塗り、塩を振る。

②❶にご飯を薄く伸ばして、ナムル、そ

ぼろ、白ごまをのせて、具を手で押さえながら巻く。
③巻き終わったら、海苔にごま油を塗って、白ごまを振り、食べやすい大きさに切る。

つぶやき

春になると、季節のおいしい野菜を使ったナムルが食べたくてしょうがない。

こんなときに行きたくなる韓国のお店がある。〝シゴル「田舎」パッサン「食卓」〟という名の店である。「田舎の食卓」という店名に相応しく、小さな古民家でお母さんたちが、ちゃっちゃかご飯を作っています。

あぁ、食べに行きたい。

今年こそ、皮から餃子

自分で作った餃子の皮は、もちもちでおいしい。市販の皮でも餃子はおいしいけど、特別に食べたい日は、皮から作ります。本当に別格のおいしさですから。

材料　36個分（調理時間：60分）

〈餃子の皮〉
・薄力粉……………………200g
・熱湯………………………140mℓ
・打ち粉……………………適量

〈餡〉
・豚ひき肉…………………300g
・白菜………………………250g
・しょうが…………………10g
・ニラ………………………1/2束

〈A〉
・塩…………………………小さじ2/3
・白こしょう………………少々
・オイスターソース……大さじ1
・酒…………………………大さじ3
・ごま油……………………大さじ1

〈焼く材料1回分〉
・サラダ油…………………小さじ1
・ごま油……………………小さじ2
・水…………………………150mℓ
・薄力粉……………………大さじ1と2/3

作り方

〈餃子の皮を作る〉

①ボウルに薄力粉と熱湯を入れて菜箸で混ぜ、粉が水を含んでポロポロの状態にする。

②粗熱が取れたら、粉っぽさがなくなり、しっとりするまでこねる。

③濡れ布巾をかけて、30分おく。＊この間に餡を作る。

④まな板に打ち粉をして、❸の表面がなめらかになるまでこねる。

⑤生地を3等分し、手のひらで棒状にする。

⑥1本を12等分に切る。

⑦手のひらで押し、円盤状にして、麺棒で直径10㎝に伸ばす。

〈餡を作る〉

①白菜をざく切りにして、分量外の塩（大さじ2）を入れて塩もみする。

②❶の水気をよく絞って、みじん切りにする。しょうがは、みじん切りにする。ニラは小口切りにする。
③ボウルに豚ひき肉を入れて、粘り気が出るまで混ぜ、〈A〉を入れて更に混ぜ、❷を入れて更に混ぜる。

〈餃子を作る〉
①餃子の皮に餡をのせて、ひだを作って包む。
②フライパンにサラダ油を薄く引いて、餃子を並べる。
③強火にして、皮に少し焼き色がついたら、水に薄力粉を混ぜて注ぎ、蓋をして5分蒸し焼きにする。
④蓋をはずして、残った水分を飛ばし、ごま油を回しかけて1分ほど焼く。
⑤逆さにして器に盛り付け、酢醤油とラー油で食べる。

鶏ひき肉とパクチーのベトナムパスタ

もし、ベトナムがフランスではなく、イタリアの影響を受けていたら、フランスパンに土地のものを挟んだバインミーではなくて、土地のものを使ったパスタが、屋台で売られていたかもしれない。そう思って作ってみたら、絶品でした。

材料　ふたり分（調理時間：20分）

- 鶏ひき肉…………120g
- にんにく…………1かけ
- 玉ねぎ……………1/4個
- パクチー…………2株
- パスタ……………200g
- 塩…………………小さじ1/8
- 黒こしょう………たっぷり
- 白ワイン…………大さじ2
- パスタの茹で汁…大さじ2
- ナンプラー………小さじ1と1/2
- オリーブオイル…大さじ2
- レモン……………1/4個

作り方

①にんにくは、皮をむいて芽をとり、みじん切りにする。玉ねぎは、皮をむいてみじん切りにする。パクチーは、3㎝幅に切り、茎と葉に分けておく。

②フライパンでオリーブオイルを温め、鶏ひき肉、塩、黒こしょうを入れて炒める。

③❷が白っぽく焼けてきたらにんにく、玉ねぎを入れて、しんなりするまで炒める。

④❸にパクチーの茎、白ワインを入れて炒める。パスタを1％の塩分濃度のお湯で茹ではじめる。

⑤❹のフライパンにナンプラー、茹で汁を加えて弱火で保温する。

⑥パスタを袋の表示時間より、1分20秒早く茹で上げ、❺にパクチーの葉とともに入れて1分20秒炒め合わせる。

⑦❻にレモンを搾り入れ、分量外のオリーブオイル（大さじ1）を混ぜる。

カンジャン海鮮ジャン

韓国に行かないとなかなかありつけない、
活カニを醤油漬けにした「カンジャンケジャン」。
どうしても食べたくなったので、
お刺身用の海老や魚を買ってきて作ってみたら、
ごはん泥棒あらわれました。

材料　3〜4人分（調理時間：15分）
冷蔵庫におく時間は含みません

・有頭エビの刺身……150g
・ホタテの刺身………6個
・魚の刺身……………8切れ
＊漬けだれは多めなので、お刺身は増やしても大丈夫です。

〈A〉
・醤油………………160mℓ
・水…………………80mℓ
・酒…………………80mℓ
・鷹の爪……………1本
・砂糖………………大さじ2/3
・しょうが……………5g
・にんにく……………1かけ
・長ねぎの青い部分…1本分

作り方

①海老は背ワタをとる。にんにくとしょうがは薄切りにする。
②鍋に〈A〉を入れて、一煮立ちさせ、粗熱が取れたら冷蔵庫で冷やす。
③保存容器に海老、ホタテ、魚の刺身を並べ、❷をかけて、冷蔵庫で、4時間以上、できれば一晩おく。

海老のはちみつしょうがライム炒め

ナンプラーにライムとしょうがが、
これが一番おいしい海老の食べ方？
そんな気持ちにさせてくれるおいしい食べ物です。

材料　ふたり分（調理時間：20分）

・殻付きエビ……6尾
・しょうが………8g
・ライム…………1/4個
・黒こしょう……少々
・サラダ油………大さじ1

〈A〉
・ナンプラー……小さじ2
・塩………………ひとつまみ
・はちみつ………小さじ1
・白ワイン………大さじ1

作り方

①エビは、背ワタと足をとる。しょうがは、皮をむいて千切りにする。
②ボウルに〈A〉を入れて、混ぜる。
③フライパンにサラダ油を温め、しょうがとエビを入れて、殻が色付くまで強火で炒める。
④❸に❷を加えて、エビに火が通るまで炒める。
⑤❹に黒こしょうを振り、ライムを搾り入れて混ぜる。

門外不出のはずだった「鶏肉のカシューナッツ炒め」

しっとり柔らか鶏肉の秘密は、２つ。
・鶏肉を炒めるのは、最後。
・調味料で、炒め煮にして鶏肉に火を通す。

材料　2〜3人分（調理時間：30分）

・鶏もも肉…………… 1/2枚（120g）
・玉ねぎ………………… 1/2個
・ピーマン……………… 2個
・にんにく……………… 1かけ
・カシューナッツ…… 50g
・片栗粉………………… 小さじ1
・塩……………………… ひとつまみ
・サラダ油…………… 大さじ2

〈A〉
・醤油…………………… 大さじ1
・オイスターソース… 大さじ1
・砂糖…………………… 大さじ1
・白こしょう………… 少々
・酒……………………… 大さじ1

作り方

①鶏もも肉は小さめのひとくち大に切る。玉ねぎは皮をむいて1・5㎝角に切る。ピーマンもヘタと種をとって、1・5㎝角に切る。にんにくは皮をむき、潰して芽をとり、5㎜角に切る。

②小さめのボウルに、鶏もも肉、塩、片栗粉を入れて、軽くもみ込む。

③フライパンにサラダ油、にんにく、カシューナッツを入れて、弱火で炒め、香りを出す。

④❸に玉ねぎとピーマンを入れて、しんなりするまで強火で炒める。

⑤❹に鶏もも肉を入れて、焼き色をつけながら炒める。

⑥❺に〈A〉を入れて、汁気がなくなるまで炒め煮にする。

もしも、ルーロー飯としょうが焼きが合体したら？「ルーローしょうが焼き飯」

しょうが焼きとルーロー飯は、似ている気がする。
味も人々のその食べ物への「熱」も。
もしも、台湾の方がしょうが焼きを作ったら？
きっとルーロー飯と合体する。

材料　ふたり分（調理時間：20分）

・しょうが焼き用の豚肉
　…………………………200g
・しょうが……………10g
・にんにく……………1かけ
・サラダ油
　…………………………大さじ1/2
・茹で卵…………………2個
・ご飯……………………茶碗2膳分

〈A〉
・砂糖…………大さじ1と1/3
・酒……………大さじ2
・水……………大さじ4
・五香粉………少々（なくても作れますが、使うと台湾の香りになる）

〈B〉
・醤油………………大さじ1と1/2
・オイスターソース
　…………………………小さじ2

作り方

①しょうがとにんにくはすりおろす。
②フライパンでサラダ油を温め、しょうが焼き用の豚肉を色が変わる程度まで焼く。
③❷にしょうがとにんにくを入れて、香りが出てくるまで炒める。
④❸に茹で卵と〈A〉を入れて、卵を転がしながら中火で3分煮込む。
⑤❹に〈B〉を入れて、更に中火で2分煮る。
⑥ご飯の上に盛り付ける。

台湾風そぼろそうめん　海老のせ

知っている人は知っている、
台北の麺の名店の味が忘れられない。
日本人向きな醤油と砂糖のやさしい味のそぼろをかけて
食べる台湾の麺は、朝食から夜食までをカバーする万能なやつ。

材料　ふたり分（調理時間：20分）

・鶏ひき肉…………150g
・殻付きエビ………4尾
・そうめん…………3束
・カイワレ…………適量
・ラー油……………お好み

〈A〉
・醤油………………大さじ2
・砂糖………………大さじ1と1/2
・酒…………………大さじ2
・水…………………100㎖
・おろししょうが…5g

作り方

①鍋に〈A〉を一煮立ちさせ、鶏ひき肉を加えて、ほぐしながら中火で3分煮る。
②エビの殻と背ワタをとる。
③別の鍋にお湯を沸かして、エビを入れて3分茹で、分量外の塩（少々）を振る。
④❸の鍋でそうめんを茹でる。
⑤そうめんの湯を切ったら、器にそうめんを盛り付け、鶏そぼろをかけ、エビとカイワレをのせてお好みでラー油をかける。

食べ終わる頃には笑顔
「紅しょうがと豚肉の冷やし中華」

冷やし中華に旬はあるのか？　夏の食べ物ではあるけど、食材ではないから旬とは言わないのか？

でも、毎年「冷やし中華はじめました」の声を聞くと今年もこの季節がやってきたと心が躍る。やっぱり旬の食べ物だ。

材料　ふたり分（調理時間：25分）

・豚しゃぶしゃぶ肉……120g
・紅しょうが……………30g
・ホワイトセロリ………1/2株
・長ねぎ…………………1/4本
・白ごま…………………大さじ1
・塩………………………小さじ1/8
・ごま油…………………大さじ1
・中華生麺………………2玉

〈A〉冷やし中華のたれ
・ぽん酢…………大さじ4
・砂糖……………大さじ1と1/3
・レモン汁………大さじ2

作り方

①ボウルに〈A〉を入れて、よく混ぜる。
②豚肉を茹でて冷水にとり、水気を切っておく。長ねぎは、みじん切りにする。ホワイトセロリは、3cm幅に切る。
③ボウルに❷、紅しょうが、白ごま、塩、ごま油を入れて混ぜる。
④中華麺を茹でて、氷水でしめる。
⑤器に中華麺、❶、❸の順に盛り付ける。

蒸し鶏で作るフィリピン焼きそば（パンシットカントン）

蒸し暑い日でも、海外にいるときはなんだか気分がいい。カメラを持って、街や市場を散策しながらのつまみ食いが恋しい。フィリピンに行って、軽いビールで喉を潤しながら、焼きそばを頬張りたい。

材料　ふたり分（調理時間：35分）

・鶏もも肉…………1/2枚（120g）
・にんにく…………1かけ
・玉ねぎ……………1/4個
・スナップエンドウ……………………5本
・中華生麺…………2玉
・サラダ油…………大さじ1と1/2
・レモン……………1/4個

〈A〉
・塩…………………ひとつまみ
・ナンプラー………小さじ2
・醤油………………大さじ1
・白こしょう………少々
・酒…………………大さじ2

作り方

①耐熱ボウルに1㎝幅に切った鶏もも肉と〈A〉を入れて、ラップをかけ、600wの電子レンジで6分加熱する。
②玉ねぎは薄切りにする。スナップエンドウは、筋をとって斜めに切る。にんにくは、皮と芽をとって千切りにする。
③フライパンでサラダ油を温め、❷を入れて、しんなりするまで炒める。
④中華麺を硬めに茹でて、ぬるま湯で洗って表面のぬめりをとる。
⑤❸に❹を加えて、さっと絡め、❶を加えて炒める。
⑥お皿に盛り付けて、レモンを添える。

鶏肉とブロッコリーのカシューナッツキーマカレー

キーマカレーは、煮込む時間が短くてありがたい。今回は、鶏肉とブロッコリーで挑戦します。クタクタになったブロッコリーが、甘くておいしいはず。フライパンの中で、グツグツ煮込まれているカレーにスプーンを入れて、〝ひとすくい〟。思った通り、成功です。

材料　3～4人分（調理時間：30分）

・鶏ひき肉…………350g
・玉ねぎ…………1/2個
・にんにく…………1かけ
・しょうが…………10g
・ブロッコリー……1/2房
・カシューナッツ…20粒
・トマト……………2個（450g）
・塩………………小さじ1と1/3
・オイスターソース
……………………小さじ1
・サラダ油…………大さじ3
・ご飯………………適量

〈A〉
・クミンパウダー………大さじ1
・パプリカパウダー……小さじ1
・コリアンダーパウダー
…………………………小さじ1
・カイエンペッパー……小さじ1/4

作り方

①玉ねぎは皮と芯をとって、みじん切りにする。にんにく、しょうがはみじん切りにする。カシューナッツは、粗みじんに切る。ブロッコリーは、小房に分ける。トマトは、ひとくち大に切る。

②フライパンでサラダ油を温め、にんにくとしょうがを弱火で炒めて、香りを出す。

③❷に鶏ひき肉、玉ねぎ、塩を加えて、玉ねぎがしんなりするまで、強火で炒める。

④〈A〉を入れて、油を馴染ませたら、ブロッコリー、カシューナッツ、トマト、オイスターソースを入れて蓋をし、弱火で10分蒸し煮にする。

⑤❹の蓋をとって、中火で5分煮る。

⑥器にご飯と一緒に盛り付ける。

ふわふわ鶏団子のグリーンカレー

爽やかなんだけど、ココナッツミルクの甘い香り。このおいしさは、グリーンカレーにしか出せないですよね。ライムをたっぷり搾って、召し上がれ。

材料　4人分（調理時間：40分）

・鶏ひき肉……………300g
・玉ねぎ……………1/2個
・卵……………1個
・塩……………小さじ1/8
・赤ピーマン……………3個
・なす……………3個
・サラダ油……………大さじ3
・グリーンカレーペースト
……………1袋（50g）
・水……………200㎖
・ココナッツミルク……400㎖
・バジル……………8枚
・ライム……………お好み
・ジャスミンライス……適量

〈A〉
・砂糖……………大さじ1
・ナンプラー……………大さじ1/2
・塩……………小さじ1/8

作り方

①玉ねぎは、皮と芯をとってみじん切りにする。赤ピーマンは、ヘタと種をとって、ひとくち大に切る。なすは乱切りにする。バジルは千切りにする。

②ボウルに鶏ひき肉、玉ねぎ、卵、塩を入れて、粘り気がでるまでよく混ぜる。

③フライパンでサラダ油（大さじ2）を温め、なすと赤ピーマンを入れて油を吸わせるように炒める。

④鍋にサラダ油（大さじ1）を温め、グリーンカレーペーストを香りがでるまで弱火で炒める。

⑤❹に水とココナッツミルク（200㎖）を入れて一煮立ちさせ、❷を直径2㎝の団子状にして入れ、5分ほど煮る。

⑥❺に❸、〈A〉、バジル、ココナッツミルク（200㎖）を入れ、一煮立ちさせ、弱火で5分煮る。

⑦器にジャスミンライスとグリーンカレーを盛り付け、バジル（分量外）をのせ、お好みでライムを添える。

梅干しポークのバインミー

梅干しとナンプラーが出会いました。
酸味とうま味が、豚肉をこんなにおいしくするなんて、
私は今まで何をしていたんでしょう。
梅干しにナンプラー。
チャーハンにもパスタにも、相性は抜群そうです。

材料　ふたり分
（お肉は作りやすい分量です）
（調理時間：25分）

・豚バラブロック……500g
・玉ねぎ……1/4個
・人参……1/8本
・クレソン……3本
・バゲット……1/2本
・ごま油……小さじ2
・黒こしょう……少々
・ライム汁（レモンでもOK）……1/4個分

〈A〉
・梅肉……梅干し1個分
・塩……ひとつまみ
・ナンプラー……小さじ1
・はちみつ……小さじ1
・酒……大さじ3

作り方

①玉ねぎは、皮をむいて薄切りにして、水にさらす。人参は皮をむいて千切りにする。クレソンは3㎝幅に切る。豚バラ肉は、縦長におき1・5㎝の厚さに切る。
②フライパンに、豚バラ肉を入れて、中火で両面をこんがり焼く。
③❷に〈A〉を入れて、絡めるように弱火で30秒焼く。
④ボウルに、水気を切った玉ねぎ、人参、クレソンを入れ、ライム汁、ごま油、黒こしょうを加えて混ぜる。
⑤トースターでバゲットを軽く温め、半分に切って、❸と❹を挟む。

【キッチンメモ】

◇焼き時間の目安は「表（中火3分）」→「裏（ほんの少し火力を落として3分）」→「表（中火1分）」→「裏（中火1分）」
◇途中、キッチンペーパーで余分な油を拭き取ります。

インドネシアの3時のおやつ。「タフブラット」

材料　ふたり分（調理時間：35分）

・もめん豆腐……1丁（300g）
・揚げ油…………適量

〈A〉
・卵黄……………1個
・塩………………ひとつまみ
・ベーキングパウダー
…………………小さじ1/4

・トッピング（塩こしょうor砂糖）

屋台で買う揚げたてのタフブラットは、
インドネシアの子供から
大人まで大好きなおやつ。
その飾らない味が、
日本人の僕にもどこか懐かしい。

作り方

①もめん豆腐にバットと重しになるものをのせて、水切りする。
②❶をキッチンペーパーやサラシで包み、絞るように水気を更に切る。
③ボウルに❷と〈A〉を入れてよく混ぜる。
④3㎝のボール状に丸めて、冷蔵庫に1時間ほど入れて落ち着かせる。
⑤170℃の揚げ油で2分半揚げ、塩こしょうや砂糖をまぶして食べる。

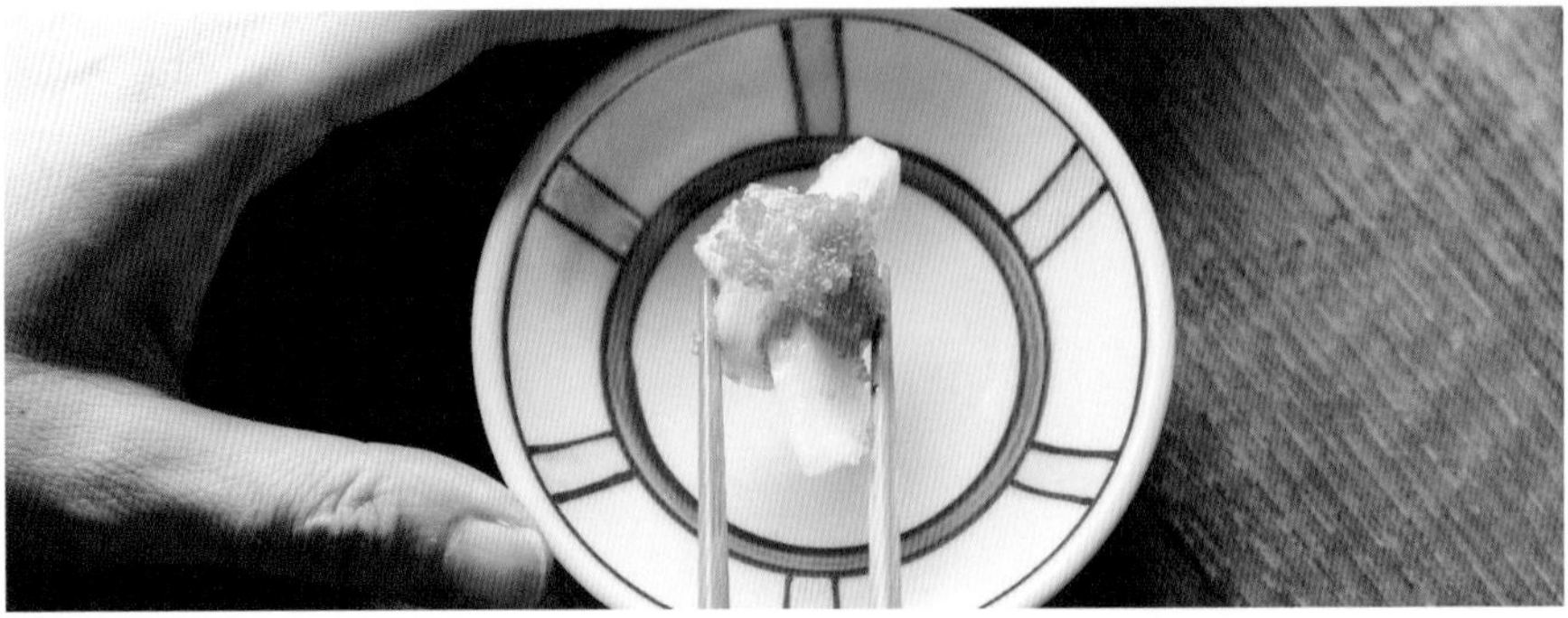

おつまみ

海辺の料理「タコとじゃがいものスパイス炒め」

「キーンと冷えた白ワインが飲みたいな」。近頃の僕の気分はこんな感じで間違いない。気の利いたつまみでもひとつ作って、少し早めから飲んでしまおう。

材料　ふたり分（調理時間：20分）

- 茹でダコ……………150g
- ベーコンブロック…30g
- にんにく……………1かけ
- じゃがいも…………3個（230g）
- パプリカパウダー…小さじ1/8
- コリアンダーパウダー………………………小さじ1/8
- オリーブオイル……大さじ2
- パセリ………………適量
- 塩……………………小さじ1/4
- 黒こしょう…………少々
- レモン………………1/4個

作り方

①茹でダコはひとくち大に切る。ベーコンは、3㎜幅の棒状に切る。にんにくは皮をとり潰して芽をとる。パセリはみじん切りにする。じゃがいもは、芽をとってひとくち大に切る。

②耐熱ボウルにじゃがいもと水（大さじ2）を入れて、600wの電子レンジで、6分加熱する。

③フライパンに、オリーブオイルとにんにくを入れて、弱火できつね色になるまで炒める。

④❸に水気を拭き取ったじゃがいもとベーコンを入れて、中火でじゃがいもがカリッとするまで焼く。

⑤❹に茹でダコを入れて、温める程度に炒め、塩、黒こしょう、パプリカパウダー、コリアンダーパウダーで味をつける。

⑥❺にパセリを入れ、レモンを搾り入れて混ぜる。

鶏むね肉とバジルのレモン南蛮漬け

南蛮漬けは、夏の気配を感じると作りたくなる料理です。
鶏むね肉で作る南蛮漬けは、魚よりもおかず感があって嬉しい。
バジルの香りとレモンの酸味がイタリアンのようで、
白ワインをグビグビ飲めてしまう。

材料　ふたり分（調理時間：30分）

・鶏むね肉…………………1枚（250g）
・玉ねぎ……………………1/4個
・人参………………………1/4本
・塩…………………………ふたつまみ
・小麦粉……………………適量
・サラダ油…………………大さじ4

〈A〉※バジルレモンの南蛮漬けだれの作り方はP7
・昆布だし…………………200mℓ
（前日に昆布2gを水200mℓにつけて、
冷蔵庫で一晩おく　※調理時間に含みません）
・砂糖………………………大さじ2
・塩…………………………小さじ1/2
・醤油………………………大さじ2
・酢…………………………大さじ2
・鷹の爪の輪切り…………1本分

作り方

①玉ねぎは、皮をむいて薄切りにして水にさらす。人参は、皮をむいて千切りにする。鶏むね肉は、皮をとって、縦半分に切り、1cmのそぎ切りにする。
②鍋に〈A〉の材料を入れて、一煮立ちさせ、粗熱が取れたらレモン汁を加える。
③ボウルに玉ねぎと人参を入れ、❷を注ぐ。
④鶏むね肉に塩を振って、小麦粉をまぶす。
⑤フライパンでサラダ油を温め、❹を入れて両面を焼く。
⑥❺をバットなどに入れてから❸をかけ、バジルをちぎってのせる。

【キッチンメモ】

◇作ってすぐの鶏むね肉が温かいものもおいしいですし、冷えてからもおいしい南蛮漬け。

アジとオクラのなめろう

漁師たちは、釣り上げたばかりのアジに、薬味と味噌をのせて「トントントン」と包丁で叩く。皿に盛って、みんなで箸を伸ばす。あれよあれよと皿の上は、空になり、挙句一人が、皿まで〝なめる〟有様。〝なめるほどおいしい〟。こうして、世に「なめろう」が生まれた。

材料　2～3人分（調理時間：15分）

・アジ（刺身用）………150g
・オクラ………………4本
・みょうが……………2本
・青じそ………………6枚
・かつお節……………少々
・卵黄…………………1個

〈A〉
・ごま…………………大さじ1/2
・味噌…………………小さじ1
・醤油…………………小さじ2
・砂糖…………………ひとつまみ
・おろししょうが……3g

作り方

①オクラは分量外の塩で塩茹でして、冷水にとり、輪切りにする。みょうがは輪切りにする。青じそは、千切りにする。＊青じそは、飾り用に少し残しておく。

②まな板にアジをのせて細切りにしてから、包丁で叩く。

③❷に〈A〉とオクラ、みょうが、青じそをかけて、さらに叩く。

④器に盛り付け、かつお節、残しておいた青じそ、卵黄をのせる。お好みで醤油をかけてお召し上がりください。

アンチョビ味噌の冷やしきゅうり

材料　2～3人分（調理時間：10分）

・きゅうり…………2本

〈オリーブオイルアンチョビ味噌〉
※材料と作り方はP7

学校からの帰り道、照りつける太陽が坂の頂上にあるバス停のベンチに蜃気楼をかける。額の汗をぬぐいながら、母が家に用意してくれている「麦茶と冷やしきゅうり、おにぎり」を想像する。坂を登り終えたが、バスはまだ来ない。もう一度、額の汗をぬぐった。

作り方

①アンチョビをみじん切りにする。きゅうりは氷水につけ、冷やす。
②きゅうりはヘタをとって半分に切り、縦4等分にして、竹串に刺す。
③〈オリーブオイルアンチョビ味噌〉を作る。
④きゅうりを皿に盛り付けて味噌を添える。

結びちくわの明太子和え

材料　ふたり分（調理時間：10分）

・ちくわ……………2本（70g）
・きゅうり…………1/2本
・明太子……………1本（20g）
・焼き海苔…………1/2枚
・ごま油……………大さじ1と1/2
・塩…………………少々

大きな声では言えないけど「ちくわ」って地味じゃないですか。だから、細く切って結んであげます。これだけで見た目も可愛いし、味もよく馴染んでおいしくなります。磯辺揚げにしてもひとくちサイズで可愛いですよ。

作り方

①ちくわは、縦半分に切り、細長く切って（7〜8等分）結ぶ。
②きゅうりは、小さめの乱切りにする。明太子は、薄皮から出す。焼き海苔はちぎる。
③ボウルに材料を全て入れて混ぜる。

晩酌といえば「スモークチーズマカロニサラダ」

我が家のマカロニサラダには「スモークチーズ」が入る。粉チーズでも、プロセスチーズでもなく、スモークチーズだ。カリカリに焼いたベーコンときゅうりも入れる。マヨネーズと塩こしょうで味をつけて、冷蔵庫に入れたグラスが冷えるのを待って、ビールを注ごう。

材料　ふたり分（調理時間：30分）

・マカロニ………………100g
・ベーコンスライス……3枚（45g）
・オリーブオイル………大さじ1
・きゅうり………………1本
・スモークチーズ………50g
・卵………………………1個

〈A〉
・塩………………………ひとつまみ
・黒こしょう……………少々
・マヨネーズ……………30g

作り方

①きゅうりは、輪切りにして分量外の塩で塩もみする。ベーコンは1㎝幅に切る。スモークチーズは、みじん切りにする。茹で卵を作る。

②フライパンにオリーブオイルとベーコンを入れて、弱火で、焼き色がつくまで炒める。

③鍋にスープ程度の塩分（1％の塩分濃度）のお湯を沸かし、マカロニを袋の表示時間通りに茹でる。

④ボウルに、卵の黄身、〈A〉を入れてよく混ぜ、刻んだ卵の白身とスモークチーズを加えて混ぜる。

⑤❷のフライパンに、茹で上がったマカロニを加えて混ぜあわせる。

⑥❺の粗熱が取れたら、きゅうりと一緒に❹に加えて、混ぜあわせる。

合わせ野菜とたくあんのナムル

材料　作りやすい分量
(調理時間：10分)

・たくあん…………60g
・ほうれん草………1束
・人参………………1/3本

〈A〉
・ごま油……………大さじ1と1/2
・塩…………………ひとつまみ
・醤油………………小さじ1

ナムルは、野菜の数だけあると言われています。韓国では、食材ごとに作ることが多いですが、合わせ野菜で作ればサラダのように食卓を彩る一品になります。

作り方

①人参は、皮をむいて千切りにする。ほうれん草は、分量外の塩で塩茹でして冷水にとり、よく絞って4㎝幅に切る。たくあんは、細切りにする。

②ボウルに❶と〈A〉を入れて、手で混ぜる。

韓国料理な気分の時は、「タコと菜の花のキムチ和え」

材料　2～3人分（調理時間：15分）

・茹でダコ………80g
・菜の花…………1/2束
・キムチ…………80g
・塩………………ひとつまみ
・ごま油…………大さじ1

菜の花を見るとその可愛さに手を伸ばしたくなる。お浸しもおいしいけど、今日はタコとキムチと一緒に和えるんだ。台所で「プッシュ」とするのを今日だけは許す。

作り方

①茹でダコは、そぎ切りにする。菜の花は分量外の塩で塩茹でして冷水にとり、水気をよく絞り半分に切る。キムチは、1㎝幅に切る。
②ボウルに材料を全て入れ混ぜあわせる。

【キッチンメモ】
◇キムチは切った方が、よく絡むので刻みましょう。

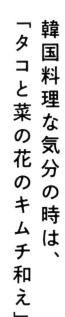

中華合わせ味噌で作る「豚バラ肉ともやしの辛み和え」

閉店間際のスーパーに滑り込んだ。
割引になっていた豚バラスライスともやしを買って帰り、
茹でて、「中華合わせ味噌」で和える。
ビールをプッシュとして、「ゴクリ」。おいしい節約完了。

材料　ふたり分（調理時間：15分）

・豚バラスライス………100g
・もやし…………………1袋
・塩………………………小さじ1/8
・白こしょう……………少々
・白ごま…………………大さじ1
・ごま油…………………大さじ1
・青ねぎ…………………1本

〈辛い万能「中華合わせ味噌」〉
※材料と作り方はP11

作り方

①〈辛い万能「中華合わせ味噌」〉を作る。豚バラスライスは3㎝幅に切る。
②耐熱ボウルに、もやしと豚バラスライスを重ね、塩と白こしょうを振る。
③❷にラップをかけて、600wの電子レンジで6分加熱する。
④❸の真ん中に菜箸で穴を開けて、蒸してでてきた水分に中華合わせ味噌（小さじ2）、白ごま、ごま油を入れて溶かし、全体を混ぜる。
⑤器に盛り付け、青ねぎの小口切りを散らす。

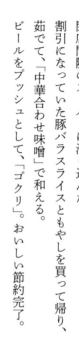

昼下がりのおつまみ「サラミと長ねぎのオーブン焼き」

トロトロになった長ねぎを、頬張ると「アチチッ」、
口の中は運動会のように騒がしくなった。
その後、甘みが広がり「一瞬前に感じたこと」はどこへやら、
目尻は優しく下がり、ほっぺたは落ちた。

材料　2〜3人分（調理時間：40分）

- 長ねぎ………………2本
- サラミ………………10g
- 塩……………………ひとつまみ
- 黒こしょう…………少々
- 白ワイン……………大さじ1
- オリーブオイル……大さじ2

準備：オーブンを220℃に予熱する。

作り方

①長ねぎは2㎝の筒状に切る。サラミは千切りにする。
②グラタン皿に長ねぎを立てて並べる。
③❷に塩、黒こしょうを振り、サラミをのせて、白ワインとオリーブオイルを回しかける。
④❸にアルミホイルをかぶせ、220℃のオーブンで30分焼く。

ヤングコーンと天かすの焼き浸し

令和の時代に「ヤング」なんて、古い人間だと思われてしまう。恥ずかしい。でも胸を張っていい「ヤング」もある。ベビーでもギャルでもなく「ヤングコーン」。

材料　ふたり分（調理時間：30分）
「水出しめんつゆ」の時間を除く

・ヤングコーン………10本
・天かす………………大さじ4
・青じそ………………4枚
・ごま油………………大さじ1

〈水出しめんつゆ〉　1週間保存可能
※材料と作り方はP6

作り方

①〈水出しめんつゆ〉を用意しておく。
②フライパンでごま油を温め、ヤングコーンを転がしながら、焼き色がつくように中火で焼く（焼き時間の目安5〜6分）。
③青じそは千切りにする。
④保存容器に❷、天かすを入れて、❶の水出しめんつゆを注ぎ、冷蔵庫で15分おく。
⑤器に盛り付け、つけ汁を少しかけ、青じそをのせる。

ハイボールと一緒に「タコと長芋の唐揚げ」

タコの唐揚げを作るときは、長芋を一緒に入れて、「タコの弾力と長芋のシャキシャキ食感」を楽しみたい。飲み物は〝ビール〟もいいけど、「今日はハイボールかな」。おうち居酒屋のはじまりはじまり。

材料　ふたり分（調理時間：25分）

・茹でダコ……………………140g
・長芋…………………………100g
・片栗粉………………………適量
・揚げ油………………………適量
・レタス………………………適量
・レモン………………………1/4個

〈A〉
・塩……………………………小さじ1/4
・醤油…………………………小さじ2
・おろししょうが………8g
・黒こしょう………………少々
・ごま油………………………小さじ1

作り方

①茹でダコは、ひとくち大に切る。長芋も洗って皮をむき、ひとくち大に切る。
②ボウルに〈A〉を入れて混ぜ、❶を加えて混ぜる。
③❷に片栗粉をまぶす。
④170℃の油で、1分半揚げる。
⑤器にレタスを敷いて、唐揚げを盛り付け、レモンを添える。

【キッチンメモ】

◇油が跳ねるおそれがあるので、注意。揚げ物をするときはオイルスクリーンというメッシュの蓋を使うと便利です。

レンコンのガーリック磯辺焼き

バターに青のり、思いもよらない組み合わせが、たまらなくおいしい。レンコンのサクサク感だけでもおいしいですが、ベーコンを入れてパスタと和えてもバツグンです。

材料　ふたり分（調理時間：15分）

・レンコン……………100g
・にんにく……………1かけ
・鷹の爪の輪切り……1本分
・バター………………10g
・青のり………………小さじ1/2
・粉チーズ……………適量

〈A〉
・醬油…………………大さじ1/2
・塩……………………小さじ1/8
・黒こしょう…………たっぷり
・白ワイン……………大さじ1

作り方

①レンコンは皮をむいて、薄めの乱切りにする。にんにくは皮をとり潰して芽をとる。

②フライパンにバターとにんにくを入れて弱火にかけ、ほんのり色付いたら、レンコンと鷹の爪を入れて、中火でじっくり炒める。

③❷に〈A〉を入れて味付けする。

④器に盛り付けて、粉チーズと青のりを振る。

しめじフライ 漬物タルタルソース

だまされてみてください。
これは、
カキフライと同じぐらいおいしいです。

材料　ふたり分（調理時間：30分）

・しめじ…………1袋
・塩………………小さじ1/8
・黒こしょう……少々
・パン粉…………適量
・揚げ油…………適量

〈A〉
・小麦粉…………100g
・卵………………1個
・水………………100mℓ

〈電子レンジで簡単「タルタルソース」〉
※材料と作り方はP8

作り方

①しめじの石突きをとって、大きめのひとくち大に分ける。
②〈電子レンジで簡単「タルタルソース」〉を作る。
③しめじに塩、黒こしょうをする。
④ボウルに〈A〉を入れてよく混ぜ、❸を入れて絡め、パン粉をつける。
⑤揚げ油を170℃に温め、❹を入れて2分半揚げる。
⑥器に盛り付け、タルタルソースを添える。

豚肉と焼き大根のカレー味

ご飯茶碗を片手に持って、カレー味の豚肉と大根と目玉焼きを目の前にすると、箸を持った手は休むことなく、完食の時がくるまで一直線です。お弁当のおかずにも最適。

材料　ふたり分（調理時間：25分）

・豚バラスライス……120g
・大根………………200g
・ごま油……………大さじ1

〈A〉
・醤油………………大さじ2
・砂糖………………大さじ1
・カレー粉…………小さじ1
・酒…………………大さじ2

作り方

①豚バラスライスは、3㎝幅に切る。大根は、5㎜のいちょう切りにする。
②フライパンでごま油を温め、❶を入れて、大根に焼き色をつけながら強火で炒める。
③❷に〈A〉を入れて、煮詰めるように炒める。
④器に盛り付ける。

【キッチンメモ】
◇目玉焼きと一緒に食べるとおいしいのでぜひ！

白菜と生ハムの重ね焼き

おいしいごちそうが、重ねて蒸し焼き、たったそれだけ。

材料　ふたり分（調理時間：20分）

- 白菜……………………1/4個
- 生ハム…………………5枚
- オリーブオイル……大さじ1
- 黒こしょう…………たっぷり
- 水…………………………大さじ5
- 粉チーズ………………大さじ3

作り方

①白菜の葉の間に生ハムを挟む。
②フライパンでオリーブオイルを温め、白菜をまんべんなく焼く。
③❷に水を入れて蓋をし、中火で10分蒸し焼きにする。
④器に盛り付け、粉チーズと黒こしょうを振る。

おやつの時間

フルーツサンド「いちご大福」

いちごのフルーツサンドに「あんこ」って絶対おいしいよね。だって、クリームいちご大福なんていう夢のようなものをデパ地下で見かけるし。いてもたってもいられなくなった私は、サンダルを足に突っかけて、風を切りながら「あんこ」を買いに行く。

材料　ふたり分（調理時間：20分）
冷蔵庫で休ませる時間は含んでいません

・いちご……………………15粒
・こしあん………………120g
・生クリーム（乳脂肪分40％以上）
　…………………………200㎖
・きび砂糖………………15g
・食パン（8枚切り）……6枚

作り方

①ボウルに生クリームときび砂糖を入れて角が立つくらいに泡立てる。
②食パンの耳を切る。いちごはヘタをとって、3粒だけ先も切る。
③食パン全てに、こしあんを薄く塗る。
④❸のうち3枚にホイップクリームを塗り、真ん中に先を切ったいちごをおき、まわりにいちごの先が外を向くようにおく。
⑤❹にホイップクリームを重ねて、残りの食パンを重ねる。
⑥❺をラップで包んで、冷蔵庫で3時間休ませる。
⑦1切れが三角形になるように4等分に切って器に盛り付ける。

【キッチンメモ】

◇生クリームを泡立てるときは、氷水を入れたボウルにボウルを重ねて冷やしながら泡立てるとキメが細かいホイップクリームになります。
◇切るときは、包丁を熱湯に潜らせて、水気を拭き取ってから切るときれいに切れます。

Mar de Cheesecake
―まるでチーズケーキ―

5分でできるから、いつでも
冷蔵庫にクリームチーズを常備する。

材料　ふたり分（調理時間：5分）

・キリのクリームチーズ……4個
・チョイスのクッキー………2枚
・メープルシロップ…………お好み

作り方

①クッキーを袋のまま、くだく。
②お皿に❶を盛り付ける。
③❷の上にクリームチーズを2段重ねでのせる。
④お好みでメープルシロップをかける。

Mar de Shortcake
ーまるでショートケーキー

スポンジケーキがなくても
「蒸しパン」があれば立派なショートケーキが作れます。

材料　ふたり分（調理時間：15分）

・蒸しパン……………………1個
（ヤマザキのケーキっぽい「チーズ蒸しパン」のようなのがおすすめ）
・いちご……………………4粒

〈ホイップクリーム〉
・生クリーム…………………80㎖
・グラニュー糖………………6g
・バニラエッセンス…………3滴

作り方

①ボウルに〈ホイップクリーム〉の材料を入れて、泡立て器で8分立てにする。いちごのヘタをとって、2粒を薄切りにする。

②いちごと生クリームを挟むために、蒸しパンの高さを2等分に切る。

③バットを裏返して蒸しパンをのせ、ホイップクリーム、薄切りにしたいちご、ホイップクリームの順に重ねる。

④❸に残りの蒸しパンを、裏返しにしてのせる。

⑤スプーンでホイップクリームを塗り、2等分に切り分けていちごをのせる。

【キッチンメモ】

◇もちもち系の蒸しパンより、ケーキっぽい蒸しパンが相性がいい。

混ぜて焼くだけのおやつ。
「オートミール〝チョコチャンク〟クッキー」

牛乳って、普段はそのまま飲むことがないんです。
でも、おやつの時間にチョコチャンククッキーがあるときは、飲みたくなる。
たまに浸して食べてしまう。

材料　8枚分（調理時間：25分）

〈A〉
・オートミール……70g
・小麦粉……………30g
・きび砂糖…………25g
・塩…………………本当にちょっと

・白ごま油…………大さじ2
・水…………………大さじ2
・板チョコ…………30g

準備：オーブンを180℃に予熱しておく。

作り方

①小麦粉は振るっておく。
②ボウルに〈A〉を入れて混ぜる。
③❷に白ごま油を加えて、油を馴染ませ、水と粗く砕いた板チョコを加えて混ぜる。
④天板に、❸を8個に分けて円盤状にしてのせる。
⑤180℃のオーブンで15〜18分焼く。

話したくなるヨーグルトパンケーキ

写真を見てもどこにもヨーグルトらしきものは、見当たらない。なぜなら生地に練り込んであるからさ。ひとくち食べると、誰かに感動を伝えたくなってしまう。しっとりしてふんわり、後味に爽やかなヨーグルトの香り。

材料　直径15㎝4枚分
(調理時間：25分)

・薄力粉……………………100g
・ベーキングパウダー……4g
・茶色い砂糖(きび砂糖など)
……………………………20g
・塩…………………………少々
・卵…………………………1個

〈A〉
・プレーンヨーグルト……120g
・牛乳………………………50㎖

・バター……………………適量
・メープルシロップ………お好み
・粉糖………………………適量

作り方

①薄力粉とベーキングパウダーを振るっておく。
②ボウルに❶、塩、砂糖、卵を入れて、泡立て器で混ぜる。
③❷に〈A〉を加えて、更に混ぜる。
④フライパンにバターを温め、濡れぶきんで熱をとってから、❸の生地を流し入れる(テフロンのフライパンの場合、バターは少量で!)。
⑤両面を焼き、皿に盛り付け、その都度、バターを塗る。
⑥全て焼けたら、粉糖、バター、お好みでメープルシロップをかける。

【キッチンメモ】
◇生地を裏返すときの目安は、小さな気泡がぷくぷく見えはじめ、その気泡が大きくなってきたらです。

コーヒー白玉とミルク白玉の「カフェオレ　白玉だんご」

色のちがう〃おだんご〃が、ふたつ。〃なんでこんなに可愛いのでしょうか?〃　作っているときは、「一度に、2本まで」と心に決めていたのに、意志の弱い私。

材料　2種類合わせて16個分
(調理時間：30分)

・白玉粉……………………100g
・牛乳………………………50㎖
・コーヒー
(飲むコーヒーの倍の濃さ)
…………………………50㎖
・こしあん…………………適量
・きな粉……………………適量

作り方

① 2つのボウルに白玉粉を50gずつに分け、2種類の生地を作っていく。

② ❶のひとつに牛乳の2/3量を加えてこねる。

③ ❷に残りの牛乳を少しずつ加え、硬さを見ながら、耳たぶの硬さまで牛乳を加えてこねる。

④ もうひとつのボウルに入った白玉粉はコーヒーで②③を行う。

⑤ ❸と❹を、それぞれ直径2㎝程度に丸める。

⑥ 鍋に水を入れて沸かし、ミルク白玉から入れ、浮いてきたら、2~3分茹で、氷水につける。

⑦ コーヒー白玉も、❻の鍋で同様に茹でて冷やす。

⑧ ❻と❼が、冷水できっちり冷えたら、キッチンペーパーで水気をとる。

⑨ 竹串に、1種類ずつ刺して、こしあんときな粉を添える。

【キッチンメモ】

◇竹串に刺すときは、竹串の先を水で濡らすと刺しやすくなります。

カルピス風味の杏仁豆腐

「杏仁豆腐にカルピスを入れたら、甘酸っぱさが少し加わっておいしそうだな」。そう思いつき、作ってみると、生クリームにカルピスの酸が反応して、軽い分離を起こしてしまった。失敗と思いきや、これがおいしい。そして、この言葉を思い出すのだ。「人生における最大の失敗は、失敗を恐れ続けることである」byエルバート・ハバード

材料　4人分（調理時間：20分）
冷蔵庫で冷やす時間は含みません

- 杏仁霜……………15g
- 牛乳………………280mℓ
- グラニュー糖……30g
- 生クリーム………100mℓ
- カルピス…………大さじ3
- 粉ゼラチン………5g
- 湯（50℃）………大さじ2

作り方

①小さめのボウルに、粉ゼラチンとお湯を入れて、混ぜて溶かす。

②鍋に杏仁霜、牛乳、グラニュー糖を入れて、木べらで混ぜながら、沸騰しないように温める。

③火を止めて、❶、生クリーム、カルピスを入れてよく混ぜる。

④粗熱が取れたら、器に入れて、冷蔵庫で3時間以上冷やす。

ミルクティー

ミルクティーは、断然甘い方がおいしい。
更にいうならば、寒い日に窓を少し開けて、
そのそばで飲むのがおいしい。

材料　大きめのマグ2杯分
（調理時間：8分）

・アッサムティー……10g
・水……………………150mℓ
・牛乳…………………400mℓ
・茶色い砂糖（きび砂糖など）
…思っている倍の量を入れる
＝1杯に角砂糖2個分ぐらい

作り方

①片手鍋に水を入れ、お湯を沸かして、アッサムティーの茶葉を入れ、強火で3分グツグツ煮出す。
②牛乳を加えて、吹きこぼれる直前まで強火にかける。
③茶こしで、濾しながらカップに注ぎ、砂糖を溶かす。

スパークリングフルーツレモネード

ドライフルーツの優しい甘みがおいしい炭酸ジュース。
家でのリフレッシュにおすすめです。

ドライフルーツシロップの材料
4杯分（調理時間：5分）
粗熱を取る1時間を除く

・ドライピーチ……………30g
・ドライパイナップル……30g
・ドライレーズン…………15g
・湯…………………………150㎖

スパークリングフルーツ
レモネードの材料（1杯分）

・ドライフルーツシロップ
　…………………………大さじ3
・レモンの輪切り…………2枚
・炭酸水……………………100㎖
・氷…………………………適量

作り方

①耐熱ポットにドライフルーツを入れて、沸騰したお湯を注ぐ。
②❶が完全に冷めるまで待って、冷蔵庫で1時間以上おく。
③グラスに氷、レモンの輪切り、❷を大さじで3杯入れ、炭酸水を注ぐ。

【キッチンメモ】

◇ドライフルーツシロップは冷蔵庫で保存し、3日以内に飲んでください。
◇ドライフルーツは、りんごやマンゴー、クランベリー、ブルーベリーなどでもおいしいです。

余った材料の使い道に困ったら、活用しよう！

材料さくいん

※本書の「和のひと皿」から「おやつの時間」までのレシピで使われている主材料を、材料別にページ検索できるようにしました。調味料や、ごく少量のものは含まれていません。

野菜

青じそ……36・37・41・100・108
青ねぎ……13・30・57・106
赤ピーマン……93
アスパラ……58
オクラ……100
カイワレ……89
かぶ……28・29
絹さや……26
キャベツ……31
きゅうり……39・102・103
クレソン……33・94
ごぼう……78
しめじ……111
じゃがいも……20・26・45・50・97
春菊……42・60
しょうが……22・23・38・39・43・82・85・86・88・92
ズッキーニ……59
スナップエンドウ……29・91
大根・大根おろし……37・43・112
たけのこ……66
玉ねぎ……20・26・27・45・46・48・50・52・56・58・64・65・76・78・84・87・91・92・93・94・98・111
トマト……40・92
ミニトマト……54
長芋……31・109
長ねぎ・長ねぎの青い部分……27・39・41・70・74・85・90・107
なす……93
菜の花……105
ニラ……27
人参……26・45・78・80・94・98・104
にんにく……23・41・46・48・50・61・62・63・70・76・84・85・87・88・91・92・97・110
白菜……82・113
パクチー……72・84
バジル・ドライバジル……40・66・93・98
ピーマン……52・64・87
ブロッコリー……92
ほうれん草……80・104
ホワイトセロリ……90
舞茸……63
マッシュルーム……48・60
みょうが……13・100
もやし……106
ヤングコーン……108
レタス……43・61・68・109
レンコン……110
レモン・レモン汁・レモンの皮……18・42・46・59・62・84・91・97・109

野菜加工品

梅干し・梅肉……32・33・43・94
きゅうりの漬物……25
キムチ……105
たくあん……80・104
ナムル……80
トマト缶……45
トマトピューレ……50・76
ピクルス……56・68
紅しょうが……30・31・90
ミックスベジタブル……65

魚

あさり……42・62
アジ……56・100
えび……89
有頭エビの刺身……85
殻付きエビ……86
むきえび……35
かんぱち……13

魚の刺身……85
しらす……33・41・66
ホタテの貝柱……57
ボイルホタテ……74
ホタテの刺身……85
マグロの刺身……14
茹でダコ……30・97・105・109

魚加工品
さば缶……22・23
ツナ缶（水煮）……24・25
明太子……24・102
シーフードミックス……65
ちくわ……102
はんぺん……35

肉
【牛肉】
牛肉の薄切り……26
牛肉切り落とし……38
焼肉用の和牛……27
【鶏肉】
鶏もも肉……18・39・76・87・91
鶏ひき肉……84・89・92・93
鶏むね肉……98
ささみ……40
手羽中……43・76
【豚肉】
豚バラスライス……31・59・106・112
豚バラブロック……94
豚ロースの切り身……37・46
豚肩ロース（とんかつ用）……70
豚しゃぶしゃぶ肉……42・90
豚ひき肉……70・82
しょうが焼き用の豚肉……88
【その他】
合挽肉……20・48・50・52・68・80
スペアリブ……45

肉・肉加工品
サラミ……107
ソーセージ……64
生ハム……113
ハム……74
ベーコンスライス……58・60・62・63・65・68・103
ベーコンブロック……54・61・97

卵・乳製品
牛乳……50・111
卵……16・30・31・37・56・59・64・67・74・93・103・111・112
卵黄……36・95・100
プレーンヨーグルト……59・119
スモークチーズ……103
とろけるチーズ……50・66
パルミジャーノレッジャーノ……63
モッツァレラチーズ……57

乾物・大豆加工品
厚揚げ……72
油揚げ……20
カシューナッツ……23・25・87・92
切り干し大根……34
昆布……34
天かす……30・108
絹ごし豆腐……25・70
もめん豆腐……95
パン粉……37・48・56・59・111
焼き海苔……14・35・36・80・102

主食類
小麦粉……30・31・37・46・55・56・59・78・98・111・118・119
食パン……66・115
バンズ・バゲット……68・94
米……33・65
ご飯……32・36・37・64・74・76・80・88・92
ジャスミンライス……93
そうめん……40・89
そば……39
中華生麺……90・91
冷凍うどん……38
パスタ……41・52・54・61・62・63・84
マカロニ……103

著者略歴

and recipe（アンドレシピ）

山田英季・小池花恵

レシピ開発、ケータリング、飲食店プロデュース、
クリエイター・アーティストのマネージメント、
旅と食をテーマとしたWebコンテンツ制作、
書籍・キッチン道具の通信販売事業などを行っている。

料理

山田英季、小池花恵

撮影＋スタイリング＋イラスト

山田英季

ブックデザイン

名久井直子

本書は投稿サイトnoteに掲載したものの中からセレクトしつつ、
本書オリジナルのレシピも加えたものである。

冷蔵庫にあるもんで
REIZOKO NI ALMONDE
2021年2月10日　第1刷発行

著　者　and recipe
発行人　見城 徹
編集人　菊地朱雅子
編集者　袖山満一子

発行所　株式会社 幻冬舎
〒151-0051 東京都渋谷区千駄ヶ谷4-9-7
電話　03 (5411) 6211 (編集)
03 (5411) 6222 (営業)
振替　00120-8-767643

印刷・製本所　図書印刷株式会社

検印廃止

Printed in Japan
ISBN978-4-344-03736-6　C0077
幻冬舎ホームページアドレス　https://www.gentosha.co.jp/

この本に関するご意見・ご感想をメールでお寄せいただく場合は、
comment@gentosha.co.jpまで。